LES ATELIERS DE MasterChef

LA CUISINE VÉGÉTARIENNE

SACHIYO HARADA

PHOTOGRAPHIES LA FOOD
AHNE FERREIRA & THOMAS DHELLEMMES
STYLISME SACHIYO HARADA

SOLAR EDITIONS

SOMMAIRE

PAGE 6
SOUPE DÉTOX
(velouté de daikon aux shiitake)

PAGE 10
PROTÉINE ROLLS
(rouleaux de printemps, sauce *gado gado* et vinaigrette d'*ume*)

PAGE 16
TOFU DUO
(canapés de tofu rouges et verts)

PAGE 20
SALADE ZEN
(kakis et konjac, crème de tofu et sésame)

PAGE 26
NIDS DE POMME DE TERRE
(nids de pomme de terre frits, tartare et mayonnaise au tofu)

PAGE 32
MINESTRONE NIPPON
(pâtes de châtaigne et légumes-racines au miso)

PAGE 38
BLINIS DE TOFU ET SALADE DE TOPINAMBOURS (galettes de tofu aux olives vertes, salade de topinambours)

PAGE 44
SALADE DE SOBA
(nouilles de sarrasin et tofu croustillant)

PAGE 50
NAGE DE KUZU
(bouillon de kuzu au tofu et aux edamame)

PAGE 56
COCA COLORÉE
(pizza à pâte fine estivale)

PAGE 62
CROQUANT MARINÉ
(grillé de légumes-racines marinés, lentilles corail et quinoa)

PAGE 68
LASAGNES VEGGIE
(pommes de terre et courgettes à la sauce tomate et aux protéines de soja)

PAGE 74
GRATIN DU JARDIN
(gratin de brocolis et kumquats à la crème de soja)

PAGE 78
ÉNERGIE CURRY
(curry de protéines de soja, petit épeautre et blé)

PAGE 84
DON
(bol de boulgour, légumes marinés et tempeh)

PAGE 90
VEGGIE-TEM
(tempuras de tofu farci au citron et salade aux trois herbes)

PAGE 96
PARMENTIER DE LA FORÊT
(purée de pommes de terre, cèpes et shiitake)

PAGE 102
PAELLA PRINTANIÈRE
(pilaf de légumes primeurs)

PAGE 108
SPICEY-UDON
(udon et légumes sautés au miso rouge)

PAGE 114
BOUILLONS VEGGIE

PAGE 120
RICE-BURGER
(buns de riz et teriyaki de tofu)

PAGE 126
CONCHIGLIONI VITALITÉ
(pâtes farcies à la ratatouille verte et au pistou)

PAGE 130
PAVÉS D'ÉTÉ
(tarte aux poivrons et salade verte)

PAGE 136
POWER CROQUETTES
(croquettes de quinoa rouge, ceviche de chou-fleur)

PAGE 142
TEMAKI-SUSHIS
(rouleaux de sushis pour une fête)

PAGE 148
GNOCCHIS DE MA MÈRE
(boulettes de potiron et crème de panais)

PAGE 154
BENTO VEGGIE
(bol de riz et légumes tapas)

PAGE 160
DENGAKU
(polenta et légumes grillés à la crème de noisettes au miso rouge)

PAGE 166
PANCAKES À LA SOCCA
(pancakes de pois chiches et salsa d'avocats)

PAGE 172
DORIA DU POTAGER
(gratin de riz et d'orge aux légumes de printemps)

PAGE 178
PANNA COTTA AU BEURRE DE LA FORÊT
(crème d'avocat et de chocolat blanc)

PAGE 182
CAKE CONTRE-FATIGUE ET THÉ TONIQUE (gâteau d'ananas et de polenta, thé de gingembre au kuzu)

PAGE 188
PUDDING DE KABOCHA
(flan de potiron et marrons caramélisés)

PAGE 194
GÂTEAU D'AUTOMNE
(gâteau de pois chiches aux poires, à la cannelle et au rhum)

PAGE 200
PUNCH RUBIS
(cubes de lait d'amande, sirop de grenade et d'hibiscus)

PAGE 206
ANNEXES

LES ATELIERS DE MasterChef

SOUPE DÉTOX

(VELOUTÉ DE DAIKON AUX SHIITAKE)

10 min PRÉPARATION + 20 min CUISSON = 30 min TOUT COMPRIS

★ NIVEAU

€ BUDGET

INGRÉDIENTS	POUR 6 PERSONNES
DAIKON (RADIS BLANC)	600 G
OIGNONS	100 G
LAIT DE SOJA	400 ML
BOUILLON DE LÉGUMES (ou 400 ml d'eau + 1 cube bouillon de légumes déshydraté)	400 ML
HUILE DE NOIX	1 C. À S. + 1 C. À S. + 1 C. À S.
MISO BLANC	1 C. À C.
SHIITAKE	6
PERSIL	2 BRINS
AIL	1 GOUSSE
SEL	1 PINCÉE

CHANGEMENT D'ASSOCIATIONS

PLUS COLORÉ

▶ Remplacer le daikon par des radis roses ou du radis vert.

PLUS TONIQUE

▶ Ajouter du gingembre râpé dans le velouté.

QU'EST-CE QUE LE DAIKON ?

« Daikon » est le nom japonais du radis blanc long. On le trouve chez le marchand de primeurs ou dans les épiceries asiatiques. On l'utilise cuit et cru, émincé pour la salade, râpé pour une sauce... Il est riche en vitamine C, en fibres, en calcium... En médecine naturelle, on lui reconnaît des vertus anticancéreuses, un effet détox et la capacité de faire circuler l'énergie.

PAS DE DAIKON ?

Le remplacer par des navets ou du radis noir.

PAS DE SHIITAKE ?

Les remplacer par des champignons de Paris, des cèpes ou d'autres champignons.

PROFITER DES SHIITAKE

Ces champignons, originaires d'Asie, sont de plus en plus cultivés en France et utilisés dans les restaurants gastronomiques. Ils sont riches en protéines, en fibres et en minéraux. Ils participent à la prévention des cancers par leur effet bénéfique sur les défenses immunitaires et font baisser le taux de cholestérol sanguin.

AVEC CETTE RECETTE

JE CONNAIS MAINTENANT

- ☐ LE DAIKON
- ☐ LES SHIITAKE
- ☐ LE MISO BLANC

JE ME NOTE ★★★ | ★★ | ★

PRIMEURS

2 BRINS DE PERSIL

1 GOUSSE D'AIL

100 G D'OIGNON

6 SHIITAKE

600 G DE DAIKON

ÉPICERIE

3 C. À S. D'HUILE NOIX

400 ML DE BOUILLON DE LÉGUMES

400 ML DE LAIT DE SOJA

1 C. À C. DE MISO BLANC

1 PINCÉE DE SEL

1

LE VELOUTÉ

5 MINUTES

+ CUISSON 15 MIN

Peler le radis et l'oignon. Découper le radis en quatre dans la longueur, puis l'émincer en éventails de 5 mm d'épaisseur. Émincer finement l'oignon.

Faire chauffer 1 c. à s. d'huile dans une casserole. Y faire sauter l'oignon, puis ajouter le radis et laisser cuire environ 3 minutes sans coloration.

Verser le bouillon de légumes et faire mijoter à feu moyen pendant environ 10 minutes, jusqu'à ce que l'ensemble soit bien cuit.

Mixer à l'aide d'un mixeur plongeant, puis ajouter le lait de soja et le miso. Tenir au chaud sur feu doux.

2

LA GARNITURE

5 MINUTES

+ CUISSON 5 MIN

Enlever les pieds des shiitake et émincer finement les chapeaux. Peler l'ail, le dégermer et le ciseler. Rincer et ciseler le persil.

Faire sauter l'ail dans une poêle avec 1 c. à s. d'huile de noix, puis ajouter les shiitake, le sel et le persil ciselé.

Répartir le velouté dans des bols. Ajouter les shiitake sautés et le persil ciselé. Servir avec quelques gouttes d'huile de noix.

LES ATELIERS DE MasterChef

SOUPE DÉTOX

LES ATELIERS DE MasterChef

PROTÉINE ROLLS

(ROULEAUX DE PRINTEMPS, SAUCE GADO GADO ET VINAIGRETTE D'UME)

45 min PRÉPARATION + 17 min CUISSON + 5 min ATTENTE = 1 h 10 TOUT COMPRIS

NIVEAU ★★

BUDGET €

INGRÉDIENTS	POUR 6 PERSONNES
SALADE ICEBERG	1
PETITS CONCOMBRES	2
RADIS ROUGES	1 BOTTE
ASPERGES VERTES FINES	1 BOTTE
CAROTTES	1 + 2
ROQUETTE	200 G
AVOCAT MÛR	1
WAKAMÉ SÉCHÉ	30 G
PROTÉINES DE SOJA (EN GROS MORCEAUX)	150 G
FEUILLES DE RIZ	18
POUR LA SAUCE GADO GADO	
BEURRE DE CACAHUÈTE	40 G
SAUCE SOJA	3 C. À S. + 1 C. À S.
VINAIGRE DE CIDRE	1 C. À S.
SIROP D'AGAVE OU SUCRE DE CANNE	3 C. À S. + 1 C. À S. + 1 C. À C.
PÂTE DE PIMENT	¼ DE C. À C.
POUR LA VINAIGRETTE D'UME	
VINAIGRE D'UMEBOSHI (UME-SU)	2 C. À S.
EAU	60 ML + 5 C. À S.
HUILE DE PÉPIN DE RAISIN	2 C. À S. + 1 C. À C.

CHANGEMENT D'ASSOCIATIONS

POUR LES LACTO-VÉGÉTARIENS

▶ Ajouter de la pêche, de la mozzarella et des feuilles de menthe.

POUR L'ESTHÉTIQUE

▶ Ajouter de la mangue, de la betterave et du chou rouge émincé.

QU'EST-CE QUE L'UME-SU, LE VINAIGRE D'UMEBOSHI ?

Les *ume* sont des abricots du Japon (nommés « prunes »), de couleur orangée mais colorées en rouge par l'ajout de feuilles de shiso, que l'on fait fermenter par ajout de sel (*umeboshi*) pour donner un vinaigre appelé *ume-su*.

PAS DE PROTÉINES DE SOJA

Les remplacer par du tofu, de la mozzarella ou des légumes.

GADO GADO

C'est le nom d'une salade indonésienne dont la sauce est à base de cacahuète.

AVEC CETTE RECETTE

JE CONNAIS MAINTENANT

- ☐ LA SAUCE GADO GADO
- ☐ LA VINAIGRETTE D'UME

JE ME NOTE ★★★ ★★ ★

PRIMEURS

2 PETITS CONCOMBRES

1 AVOCAT MÛR

1 SALADE ICEBERG

200 G DE ROQUETTE

1 BOTTE DE RADIS ROUGES

3 CAROTTES

1 BOTTE D'ASPERGES VERTES FINES

ÉPICERIE

2,5 C. À S. D'HUILE DE PÉPIN DE RAISIN

4,5 C. À S. DE SIROP D'AGAVE

12 C. À S. DE VINAIGRE D'*UMEBOSHI*

18 FEUILLES DE RIZ

67,5 ML D'EAU

150 G DE PROTÉINES DE SOJA (EN GROS MORCEAUX)

¼ DE C. À C. DE PÂTE DE PIMENT

1 C. À S. DE VINAIGRE DE CIDRE

4 C. À S. DE SAUCE SOJA

WAKAMÉ SÉCHÉ

140 G DE BEURRE DE CACAHUÈTE

1

LES PROTÉINES DE SOJA ET LES SAUCES

5 MINUTES

+ CUISSON 15 MIN

Faire cuire les protéines de soja 10 minutes dans de l'eau bouillante. Les rincer et les égoutter.

Mettre à chauffer 2 c. à s. d'huile dans une poêle et y faire sauter les protéines de soja sur feu vif quelques minutes.

CONSEIL MasterChef

BLANCHIR LE SOJA ET LAISSER ÉVAPORER TOUTE L'EAU, PUIS FAIRE SAUTER LES MORCEAUX ET LES SÉCHER COMPLÈTEMENT PERMET D'ÉLIMINER L'ODEUR DE LA PROTÉINE DE SOJA. DE PLUS, ILS ABSORBERONT ENSUITE PLUS FACILEMENT LA MARINADE.

Dans un bol, verser 3 c. à s. de sauce soja et 3 c. à s. de sirop d'agave. Mélanger, ajouter les protéines de soja et remuer, puis filmer.

Pour la sauce *gado gado*, mélanger le beurre de cacahuète et 60 ml d'eau, petit à petit, en fouettant.

Incorporer au mélange le vinaigre de cidre, 1 c. à s. de sauce soja, un peu de pâte de piment et 1 c. à s. de sirop d'agave.

CONSEIL MasterChef

LA SAUCE GADO GADO PEUT ÊTRE ENRICHIE DE JUS DE CITRON, DE MIEL, D'AIL RÂPÉ ET DE GINGEMBRE ; LE GOÛT SERA PLUS AUTHENTIQUE, COMME EN INDONÉSIE.

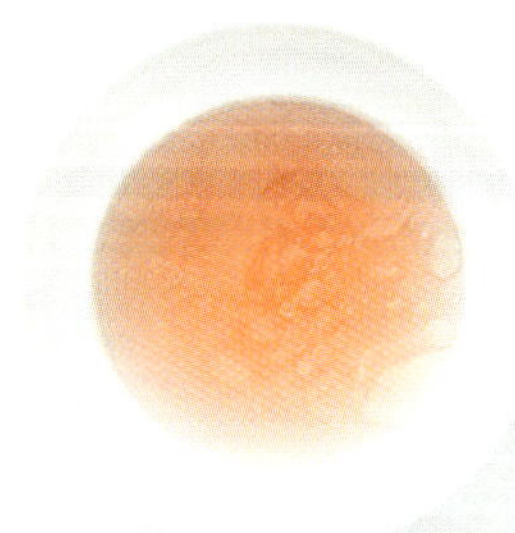

Préparer la sauce d'*ume* : mélanger le vinaigre d'*umeboshi*, 5 c. à s. d'eau, 1 c. à c. de sirop d'agave et 1 c. à c. d'huile de pépin de raisin.

2

LES LÉGUMES

20 MINUTES

+ CUISSON 2 MIN **+ ATTENTE 5 MIN**

Réhydrater le wakamé dans l'eau tiède pendant environ 5 minutes. L'égoutter et le sécher.

Peler la base des asperges. Les cuire 2 minutes dans l'eau bouillante salée, les égoutter et les laisser refroidir. Les couper en deux dans la longueur.

Éplucher 1 carotte et les radis, puis les trancher à la mandoline. Peler les autres carottes et les tailler en lanières en les tournant avec un économe.

Trancher 1 concombre en rondelles et émincer l'autre en lamelles.

Éplucher l'avocat, émincer grossièrement la chair et la mélanger avec les protéines de soja, puis filmer au contact.

Laver la roquette et la salade. Les égoutter et les sécher, puis déchirer la salade en gros morceaux.

3

LES DIFFÉRENTS ROULEAUX

20 MINUTES

Poser un torchon propre et humide sur le plan de travail. Tremper une feuille de riz dans l'eau tiède pour la ramollir et l'étaler sur le torchon.

Premier type de rouleaux : disposer de la salade en bas de la feuille de riz et ajouter du wakamé, de la roquette, des protéines de soja et de l'avocat.

Ajouter parallèlement la 2e série d'ingrédients (ils se verront par transparence) : quelques feuilles de roquette, surmontées de rondelles de radis.

Rouler un peu la feuille et replier son extrémité à droite, puis continuer à rouler en serrant bien jusqu'à la fin. Faire cinq autres rouleaux ?

Deuxième type de rouleaux : disposer de la salade sur une feuille de riz, de la roquette, des protéines de soja et de l'avocat, de l'émincé de carotte et du wakamé.

Ajouter parallèlement la 2e série d'ingrédients : roquette, rondelles de carotte et salade. Rouler la préparation et faire cinq autres rouleaux.

Troisième type de rouleaux : placer de la salade, du wakamé, du concombre émincé et des asperges sur une feuille de riz humidifiée.

Ajouter parallèlement la 2e série d'ingrédients : rondelles de concombre et asperges. Rouler la préparation et faire cinq autres rouleaux.

CONSEIL MasterChef

AJOUTER DES VERMICELLES DE SOJA OU DE RIZ, DES CACAHUÈTES GRILLÉES ET DES FEUILLES DE MENTHE ; CE SERA TRÈS BON ! **CONSERVER LES ROULEAUX EN LES RECOUVRANT DE FILM ALIMENTAIRE** ET EN LES LAISSANT SUR LE LINGE HUMIDE JUSQU'AU MOMENT DE SERVIR, AFIN D'ÉVITER QU'ILS NE SÈCHENT.

Servir les rouleaux entiers ou coupés en deux en biseau, avec les deux sauces.

LES ATELIERS DE MasterChef

PROTÉINE ROLLS

LES ATELIERS DE MasterChef

TOFU DUO

(CANAPÉS DE TOFU ROUGES ET VERTS)

20 min PRÉPARATION = 20 min TOUT COMPRIS

★ NIVEAU

€ BUDGET

INGRÉDIENTS	POUR 6 PERSONNES
TOFU FERME	600 G
LÉGUMES ROUGES	
OIGNON ROUGE	100 G
RADIS ROUGES	⅓ DE BOTTE
POIVRON ROUGE	½
HUILE DE SÉSAME	1 C. À S.
SAUCE SOJA	2 C. À S.
BAIES ROSES	1 C. À C.
LÉGUMES VERTS	
PETITS CONCOMBRES	2
FENOUIL	100 G
CIBOULETTE	½ BOTTE
GINGEMBRE	20 G
GRAINES DE SÉSAME	1 C. À S.
HUILE D'AVOCAT	1 C. À S.
FLEUR DE SEL	½ C. À C.

CHANGEMENT D'ASSOCIATIONS

PLUS ESTIVAL

▶ Remplacer les concombres par de l'avocat pour les canapés verts et les radis rouges par des tomates pour les canapés rouges.

PLUS HIVERNAL

▶ Faire cuire le tofu dans de l'eau chaude ou le faire sauter dans une poêle avec de l'huile.

VERTUS DU TOFU

Il est riche en protéines et en vitamines B et E, bénéfiques pour la peau, les cheveux et les yeux. Il atténue les troubles de la ménopause.

L'HUILE D'AVOCAT

Elle est riche en protéines et en vitamines A, B, C, D et E, en oméga 6 et en oméga 3, qui protègent la peau et favorisent le transit intestinal.

PAS DE TOFU ?

Le remplacer par de la mozzarella.

VARIÉTÉS DE TOFU

Il y a plusieurs types de tofus : soyeux, ferme, frit, séché... On utilise l'un ou l'autre type selon le plat.

AVEC CETTE RECETTE

JE CONNAIS MAINTENANT

☐ LE TOFU FERME

☐ L'HUILE D'AVOCAT

JE ME NOTE ★★★ ★★ ★

PRIMEURS

- 100 G DE FENOUIL
- 2 PETITS CONCOMBRES
- 100 G D'OIGNONS ROUGES NOUVEAUX
- 20 G DE GINGEMBRE
- ½ POIVRON ROUGE
- ⅓ DE BOTTE DE RADIS ROUGES
- ½ BOTTE DE CIBOULETTE

ÉPICERIE

- ½ C. À C. DE FLEUR DE SEL
- 600 G DE TOFU FERME
- 1 C. À S. D'HUILE D'AVOCAT
- 1 C. À S. DE GRAINES DE SÉSAME
- 1 C. À C. DE BAIES ROSES
- 1 C. À S. D'HUILE DE SÉSAME
- 2 C. À S. DE SAUCE SOJA

1

LA PRÉPARATION DES LÉGUMES

15 MINUTES

Égoutter le tofu, le découper en petits pavés et disposer ces derniers les uns à côté des autres sur la planche.

Émincer finement les légumes rouges : l'oignon rouge, les radis rouges et le poivron rouge. Les mettre ensemble dans un bol.

Émincer finement les concombres, le fenouil et la ciboulette ; les mettre dans un bol. Émincer le gingembre et le laisser dans un ramequin à part.

2

L'ASSAISONNEMENT

5 MINUTES

Dans le bol des légumes rouges, verser l'huile de sésame et la sauce soja.

Dans le bol des légumes verts, verser l'huile d'avocat et ajouter la fleur de sel.

Disposer les pavés de tofu sur le plat de présentation et les garnir alternativement de légumes verts et de légumes rouges.

Parsemer les légumes verts de gingembre émincé et de graines de sésame, et les légumes rouges de baies de roses.

TOFU DUO

LES ATELIERS DE MasterChef

SALADE ZEN

(KAKIS ET KONJAC, CRÈME DE TOFU ET SÉSAME)

20 min PRÉPARATION + 10 min CUISSON + 1 h ATTENTE = 1 h 30 TOUT COMPRIS

★ NIVEAU

€ BUDGET

INGRÉDIENTS	POUR 6 PERSONNES
KAKIS	2
HARICOTS VERTS	300 G
CAROTTES	2
VERMICELLES DE KONJAC	130 G
TOFU SOYEUX	250 G
SAUCE SOJA	1 C. À S. + 1 C. À S.
TAHIN	2 C. À S.
SUCRE DE CANNE ROUX	1 C. À S.
CERFEUIL	6 BRINS

CHANGEMENT D'ASSOCIATIONS

PLUS VERT

▶ Remplacer le kaki par des épinards ou du brocoli.

PLUS COLORÉ

▶ Remplacer le kaki par de la betterave cuite.

PLUS NUTRITIF

▶ Ajouter du wakamé (algue source de vitamine B12, de calcium, de fer...).

LE TAHIN

C'est une pâte constituée de graines de sésame broyées. Ces dernières renferment des antioxydants et constituent une excellente source de minéraux et d'oligoéléments (calcium, magnésium, fer, vitamines B1, B2, B6 et B3).

QU'EST-CE QUE LE KONJAC ?

C'est la racine d'une plante, l'*Amorphophallus konjac*. Elle est utilisée dans l'alimentation traditionnelle japonaise depuis plus de deux mille ans, sous forme de produits transformés : pâte, vermicelles... Le konjac est plus en plus populaire pour les régimes diététiques en raison de ses indéniables vertus coupe-faim.

PAS DE KAKIS ?

Le remplacer par de la poire ou de l'avocat.

TOFU

Il est fabriqué à partir de lait de soja et d'un coagulant, comme du chlorure de magnésium (*nigari*, en japonais). Il représente une source importante de protéines, ce qui lui permet de remplacer la viande.

AVEC CETTE RECETTE

JE CONNAIS MAINTENANT

☐ LES VERMICELLES DE KONJAC

☐ LE TAHIN (PURÉE OU CRÈME DE SÉSAME)

JE ME NOTE ★★★ | ★★ | ★

PRIMEURS

ÉPICERIE

1

LA PRÉPARATION DU TOFU

1 MINUTE

+ ATTENTE **1 H**

Déposer le tofu soyeux dans une passoire et poser une assiette dessus.

Lester l'assiette (avec une boîte de conserve, par exemple) pour éliminer l'eau du tofu. Laisser égoutter ainsi pendant environ 1 heure.

CONSEIL MasterChef

ON PEUT UTILISER L'EAU QUI VA SUINTER DU TOFU POUR UNE SOUPE, UNE SAUCE… ELLE A LE GOÛT DU TOFU ET RENFERME UNE PARTIE DE SES SUBSTANCES NUTRITIVES..

2

LES VERMICELLES DE KONJAC

5 MINUTES

+ CUISSON **5 MIN**

Blanchir les vermicelles de konjac pendant 2 minutes dans de l'eau bouillante.

Les égoutter et les rincer dans un bol d'eau froide.

CONSEIL MasterChef

LE KONJAC RENFERME UNE FIBRE MAGIQUE : LE GLUCOMANNANE. IL REMPLIT L'ESTOMAC COMME AUCUNE AUTRE FIBRE (ET CE POUR 0 CALORIE), ET SON GEL VISQUEUX EST UN VÉRITABLE PIÈGE POUR LES GRAISSES ET LES SUCRES. ON PARLE DE « NETTOYAGE D'INTESTIN », ET IL EST ÉGALEMENT TRÈS EFFICACE POUR LA DÉTOX.

Égoutter les vermicelles de konjac, puis les découper grossièrement et les transférer dans une casserole.

Ajouter 1 c. à s. de sauce soja et laisser cuire le konjac en remuant pendant environ 3 minutes. Retirer du feu et réserver.

3

LES LÉGUMES

10 MINUTES

+ CUISSON 5 MIN

Laver et éplucher les carottes, les émincer en lamelles.

Laver et équeuter les haricots verts, puis les couper pour qu'ils aient tous la même longueur : de 5 à 6 cm.

Les plonger dans de l'eau bouillante et les faire cuire pendant 3 minutes.

Ajouter les carottes et laisser cuire pendant 2 minutes.

Égoutter les légumes, puis les rincer dans un bol d'eau froide et les égoutter de nouveau.

Éplucher les kakis et les couper en quatre. Les couper en tranches de 5 mm d'épaisseur.

CONSEIL MasterChef

LE KAKI EST UN FRUIT SUCRÉ, QUE L'ON PEUT AUSSI UTILISER POUR DES DESSERTS. SON APPORT EN VITAMINE E ET EN CAROTÈNE EST REMARQUABLE.

4

LA SAUCE-CRÈME DE TOFU

5 MINUTES

Mettre le tofu dans un saladier et mélanger avec un fouet.

Ajouter 1 c. à s. de sauce soja, le tahin et le sucre. Bien mélanger.

CONSEIL MasterChef

IL EST POSSIBLE DE FAIRE DU TAHIN MAISON AVEC DES GRAINES DE SÉSAME, QUE L'ON FAIT GRILLER ET QUE L'ON MIXE PENDANT 10 MINUTES AU ROBOT.

Mettre dans le saladier les carottes, les kakis, les haricots verts et les vermicelles de konjac.

Mélanger délicatement le tout avec une spatule.

CONSEIL MasterChef

LA SAUCE-CRÈME DE TOFU PEUT ÊTRE UTILISÉE POUR FAIRE DE DÉLICIEUX GRATINS : LA VERSER SUR LES LÉGUMES CUITS ET FAIRE DORER SOUS LE GRIL DU FOUR.

Répartir la salade de kakis dans les assiettes. Décorer de cerfeuil et servir.

CONSEIL MasterChef

C'EST UN PLAT DES MOINES JAPONAIS VÉGÉTARIENS. IL EST À BASE DE LÉGUMES ET DE CÉRÉALES, ET SE NOMME *SHÔJIN-RYÔRI*. COMME EN INDE, IL Y A BEAUCOUP DE RECETTES VÉGÉTARIENNES DANS LE MONDE BOUDDHISTE.

SALADE ZEN

LES ATELIERS DE MasterChef

NIDS DE POMME DE TERRE

(NIDS DE POMMES DE TERRE FRITS, TARTARE ET MAYONNAISE AU TOFU)

35 min PRÉPARATION + 40 min CUISSON + 1 h 15 ATTENTE = 2 h 30 TOUT COMPRIS

★★ NIVEAU

€ BUDGET

INGRÉDIENTS	POUR 6 PERSONNES
POMMES DE TERRE (BINTJE)	500 G
ŒUFS	3
ŒUFS DE CAILLE	6
MINICONCOMBRES	2
FÈVES	300 G
PERSIL	5 BRINS
CORNICHONS	30 G
TOFU SOYEUX	100 G
HUILE D'OLIVE	80 ML
SIROP D'AGAVE	1 C. À C.
JUS DE CITRON	2 C. À S.
MOUTARDE	1 C. À C.
SEL	½ C. À C. + 1 C. À C.
OIGNON BLANC	40 G
HUILE DE FRITURE	1 L

CHANGEMENT D'ASSOCIATIONS

POUR LES VÉGÉTARIENS STRICTS

▶ Remplacer les œufs par des haricots blancs cuits.

PLUS VERT

▶ Remplacer le tofu par un avocat bien mûr.

TOFU

On trouve plusieurs types de tofu : soyeux, dur, fumé, frit... Cette préparation à base de soja est riche en protéines. Au Japon, le tofu est surnommé la « viande du potager ».

PAS DE CORNICHONS ?

Les remplacer par des olives vertes ou par des câpres.

CHOISIR LA VARIÉTÉ DE POMMES DE TERRE

Pour cette recette, la pomme de terre la plus adaptée est la bintje, comme pour les frites (sa chair est farineuse). D'autres variétés conviennent aussi, comme la victoria, l'agata, l'artemis ou la caesar.

AVEC CETTE RECETTE

JE CONNAIS MAINTENANT

☐ LA MAYONNAISE VÉGÉTALE (MAYONNAISE AU TOFU)

☐ LES NIDS DE POMME DE TERRE

JE ME NOTE ★★★ ★★ ★

PRIMEURS

300 G DE FÈVES

500 G DE POMMES DE TERRE

40 G D'OIGNON BLANC

5 BRINS DE PERSIL

2 MINICONCOMBRES

CRÉMERIE

6 ŒUFS DE CAILLE

3 ŒUFS

ÉPICERIE

80 ML D'HUILE D'OLIVE

2 C. À S. DE JUS DE CITRON

1,5 C. À C. DE SEL

100 G DE TOFU SOYEUX

1 C. À C. DE SIROP D'AGAVE

1 L D'HUILE DE FRITURE

1 C. À C. DE MOUTARDE

30 G DE CORNICHONS

1

LA MAYONNAISE AU TOFU

5 MINUTES

+ ATTENTE 1 H

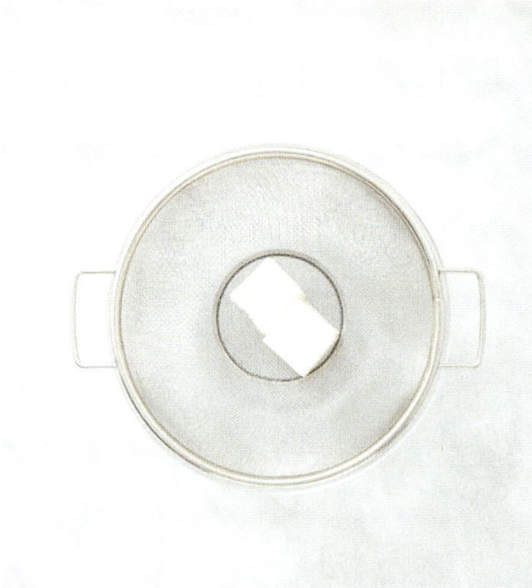

Déposer le tofu soyeux dans une passoire et poser une assiette dessus.

Lester l'assiette (avec une boîte de conserve, par exemple) pour éliminer l'eau du tofu. Laisser égoutter ainsi pendant environ 1 heure.

Mixer le tofu avec l'huile d'olive, le sirop d'agave, le jus de citron, la moutarde et ½ c. à c. de sel. Filmer et réserver au réfrigérateur.

CONSEIL MasterChef

CETTE MAYONNAISE VÉGÉTALE PEUT ÊTRE CONFECTIONNÉE AVEC DE LA CRÈME DE NOIX DE CAJOU OU DE LA CRÈME DE COCO...
LA TEXTURE SERA PRESQUE LA MÊME.

2

LA PRÉPARATION DES INGRÉDIENTS

20 MINUTES

+ CUISSON 10 MIN
+ ATTENTE 15 MIN

Cuire les œufs dans l'eau bouillante : 5 minutes pour les petits et 10 minutes pour les gros. Les plonger aussitôt dans de l'eau froide et les écaler.

CONSEIL MasterChef

POUR ÉCALER LES ŒUFS DE CAILLE, PRÉPARER DEUX PETITS BOLS, METTRE UN ŒUF DANS UN BOL, FERMER AVEC L'AUTRE BOL ET AGITER DOUCEMENT POUR FISSURER LA COQUILLE. ENSUITE, PLONGER L'ŒUF DANS L'EAU, IL S'ÉCALERA FACILEMENT.

Écosser les fèves et les cuire dans de l'eau bouillante salée (1 c. à c. de sel) pendant environ 2 min.

Les égoutter et les rincer dans de l'eau froide, puis les peler. Les réserver.

Émincer finement l'oignon blanc et le laisser tremper 15 minutes dans de l'eau froide. L'égoutter et le sécher avec du papier absorbant.

CONSEIL MasterChef

FAIRE TREMPER L'OIGNON PERMET D'ÉLIMINER SON GOÛT FORT…

Couper les concombres en quatre dans la longueur. Les émincer finement, les mettre dans un bol, saler et laisser dégorger pendant 10 minutes.

Rincer les concombres, les égoutter et les essorer à l'aide d'un torchon.

Couper les œufs en petits dés et les mettre dans un bol.

Émincer finement les cornichons et le persil, puis les ajouter dans le bol des œufs.

3

LES NIDS DE POMME DE TERRE

5 MINUTES

+ CUISSON 30 MIN

Verser l'huile dans une casserole et la faire chauffer à 170 °C.

Éplucher les pommes de terre et les tailler en julienne à l'aide d'une mandoline.

Étaler un peu de pommes de terre dans une passoire métallique. Les maintenir en forme de nid avec une passoire plus petite.

Plonger le tout dans l'huile et faire frire jusqu'à ce que le nid soit doré et croustillant.

CONSEIL MasterChef

IL FAUT FAIRE FRIRE LES POMMES DE TERRE TOUT DE SUITE APRÈS LES AVOIR COUPÉES, SINON ELLES NOIRCISSENT. NE PAS LES RINCER PERMET DE CONSERVER L'AMIDON, QUI VA DONNER AU NID SA COHÉSION.

Après la cuisson, déposer le nid sur du papier absorbant. Préparer cinq autres nids de la même façon.

4

LE TARTARE

5 MINUTES

Dans le bol des œufs, ajouter l'oignon essoré, les concombres émincés et 3 c. à s. de mayonnaise au tofu. Mélanger et répartir le tartare dans les nids.

CONSEIL MasterChef

CE TARTARE PEUT SERVIR À GARNIR UN SANDWICH OU À ENRICHIR UNE SALADE DE PÂTES OU DE POMMES DE TERRE CUITES.

Déposer un œuf de caille au milieu de chaque nid et décorer de fèves.

LES ATELIERS DE MasterChef

NIDS DE POMME DE TERRE

LES ATELIERS DE MasterChef

MINESTRONE NIPPON

(PÂTES DE CHÂTAIGNE ET LÉGUMES-RACINES AU MISO)

40 min PRÉPARATION + 40 min CUISSON = 1 h 20 TOUT COMPRIS

★ NIVEAU

€ BUDGET

INGRÉDIENTS	POUR 6 PERSONNES
FARINE DE CHÂTAIGNE	110 G
FÉCULE DE MAÏS	50 G
EAU	120 ML (CHAUDE) + 1 L
SEL	1 PINCÉE
NAVETS	200 G
RACINE DE LOTUS	150 G
CIBOULES	3 TIGES
OIGNONS NOUVEAUX OU PETITS OIGNONS	12
CHAMPIGNONS DE PARIS (à faire sécher, voir encadré « 24 h avant » ci-dessous)	200 G
AIL	2 GOUSSES
CAROTTES PRIMEURS	12
FENOUIL	1
TOPINAMBOURS	300 G
KOMBU (à réhydrater, voir encadré « 1 h avant » ci-dessous)	15 CM
MISO BLANC	4 C. À S.
HUILE D'OLIVE	2 C. À S.
CLOUS DE GIROFLE	6

24 H AVANT

Nettoyer 200 g de champignons de Paris et les couper en tranches de 5 mm d'épaisseur, puis les poser dans une passoire pour les laisser sécher.

1 H AVANT

Faire tremper le kombu dans 400 ml d'eau.

PAS DE FARINE DE CHÂTAIGNE

La remplacer par de la farine de blé ou de la farine de sarrasin.

CHAMPIGNONS SÉCHÉS

Les champignons séchés permettent de confectionner plus de bouillon que les champignons frais.

CHANGEMENT D'ASSOCIATIONS

FAÇON ITALIENNE

▶ Ajouter des tomates et des pâtes *fregola sarda* (dans les épiceries italiennes).

PLUS ÉNERGIQUE

▶ Ajouter du potiron, de la patate douce et du gingembre.

AVEC CETTE RECETTE

JE CONNAIS MAINTENANT

- ☐ LE MISO (PAGE 160)
- ☐ LES PÂTES DE CHÂTAIGNE
- ☐ LE KOMBU
- ☐ LA RACINE DE LOTUS

JE ME NOTE ★★★ ★★ ★

PRIMEURS

300 G DE TOPINAMBOURS

12 OIGNONS NOUVEAUX

3 TIGES DE CIBOULE

12 CAROTTES PRIMEURS

1 BULBE DE FENOUIL

150 G DE RACINE DE LOTUS

200 G DE CHAMPIGNONS DE PARIS

2 GOUSSES D'AIL

200 G DE NAVETS

ÉPICERIE

2 C. À S. D'HUILE D'OLIVE

4 C. À S. DE MISO BLANC

110 G DE FARINE DE CHÂTAIGNE

1,52 L D'EAU

50 G DE FÉCULE DE MAIS

1 PINCÉE DE SEL

6 CLOUS DE GIROFLE

15 CM DE KOMBU

1

LES PÂTES DE CHÂTAIGNE

5 MINUTES

Mélanger la farine de châtaigne, la fécule de maïs et le sel dans un bol.

Verser 120 ml d'eau chaude dans le bol et mélanger avec une fourchette.

Pétrir la pâte pendant 2 minutes et former une boule. La filmer et réserver.

CONSEIL MasterChef

IL EST INUTILE DE LAISSER REPOSER CETTE PÂTE ; ON PEUT LA FAIRE CUIRE TOUT DE SUITE.

2

LES INGRÉDIENTS

30 MINUTES

+ CUISSON 15 MIN

Faire cuire le kombu dans son eau de trempage. Porter à ébullition, puis baisser le feu et laisser mijoter pendant 15 minutes. Retirer du feu et réserver.

CONSEIL MasterChef

LE KOMBU, UNE ALGUE SÉCHÉE, EST UNE BASE DES BOUILLONS DE LA CUISINE JAPONAISE. IL CONTIENT DE LA VITAMINE B12, ET EST IDÉAL POUR LES VÉGÉTARIENS.

Laver tous les légumes. Brosser et nettoyer le topinambour.

CONSEIL MasterChef

POUR QUE LE BOUILLON AIT PLUS DE GOÛT, GARDER LA PEAU DES TOPINAMBOURS (SURTOUT, CHOISIR DES LÉGUMES BIO).

Éplucher l'ail, le dégermer et l'émincer. Parer les oignons nouveaux et inciser en croix la base, puis les piquer des clous de girofle.

Couper 3 carottes primeurs en deux dans la longueur. Couper les autres carottes en rondelles.

Trancher les navets avec les fanes.

Émincer le fenouil.

Couper la ciboule en rondelles.

Trancher finement la racine de lotus et couper le topinambour en tranches de 5 mm d'épaisseur. Les tremper dans l'eau et les égoutter juste avant cuisson.

3

LE MINESTRONE

5 MINUTES

+ CUISSON 25 MIN

Verser l'huile d'olive dans une cocotte, ajouter l'ail et le faire fondre sur feu doux.

Ajouter les rondelles de carotte. Les faire sauter à feu moyen.

Ajouter les oignons nouveaux, le fenouil, les navets, les topinambours et les champignons séchés. Faire sauter le tout quelques minutes en remuant.

Prélever le kombu, le déposer sur une planche et verser son eau de trempage dans la cocotte. Émincer finement le kombu.

Transférer le kombu émincé dans la cocotte, ajouter 1 l d'eau et laisser mijoter 10 minutes, en écumant de temps à autre.

Ajouter les demi-carottes et les rondelles de racine de lotus.

Former les pâtes : prélever des petites boules de pâte et les écraser avec le pouce pour les rendre le plus fines possible.

Mettre les pâtes à la farine de châtaigne dans la cocotte et prolonger la cuisson de 10 minutes.

Délayer le miso dans une louche de bouillon. Le verser dans la cocotte, ajouter la ciboule et mélanger délicatement.

CONSEIL MasterChef

LA SALINITÉ DU MISO DÉPEND DU TYPE ET DU FABRICANT, IL FAUT DONC VÉRIFIER ET AJUSTER L'ASSAISONNEMENT.

MINESTRONE NIPPON

LES ATELIERS DE MasterChef

BLINIS DE TOFU
ET SALADE DE TOPINAMBOURS

(GALETTES DE TOFU AUX OLIVES VERTES, SALADE DE TOPINAMBOURS)

40 min PRÉPARATION + 15 min CUISSON + 15 min ATTENTE = 1 h 10 TOUT COMPRIS

★ NIVEAU

€ BUDGET

INGRÉDIENTS	POUR 8 À 10 BLINIS
TOFU SOYEUX	200 G
OIGNON DOUX	½
OLIVES VERTES DÉNOYAUTÉES	12
PERSIL PLAT	2 BRINS
AIL	½ GOUSSE
ŒUF	1
FÉCULE DE MAÏS	2 C. À S.
HUILE D'OLIVE	2 C. À S. + 1 C. À S.
SAUCE SOJA	1 C. À C.
SEL FIN	½ C. À C.
POIVRE BLANC	1 PINCÉE
PIMENT D'ESPELETTE	1 C. À C.
POUR LA SALADE DE TOPINAMBOURS	
TOPINAMBOURS	300 G
HUILE D'AGRUME	2 C. À S. (P. 209)
SEL DE MALDON®	1 C. À C.
KUMQUATS	6
CERFEUIL	3 TIGES

CHANGEMENT D'ASSOCIATIONS

UN PEU ÉPICÉ

▶ Ajouter de la poudre de curry dans la pâte.

PLUS COLORÉ

▶ Ajouter des poivrons rouges et jaunes.

LE TOPINAMBOUR

Ce légume « oublié » est revenu à la mode depuis quelques années, on le trouve donc facilement chez le marchand de primeurs désormais. On le cuisine mijoté, sauté, en purée... Il contient beaucoup de fibres, qui facilitent le transit intestinal. C'est une excellente source de fer et de vitamine B1, il prévient le diabète et protège des maladies cardio-vasculaires.

PAS D'OLIVES ?

Les remplacer par un peu de câpres.

PAS D'HUILE D'AGRUME ?

La remplacer par de l'huile de noix ou de l'huile de noisette.

AVEC CETTE RECETTE

JE CONNAIS MAINTENANT

- ☐ LES TOPINAMBOURS MANGÉS CRUS
- ☐ LE TOFU

JE ME NOTE ★★★ | ★★ | ★

PRIMEURS

2
BRINS DE PERSIL PLAT

6
KUMQUATS

300 G
DE TOPINAMBOURS

½
OIGNON DOUX

½
GOUSSE D'AIL

3 TIGES
DE CERFEUIL

CRÉMERIE / ÉPICERIE / PRÉPARATION MAISON

3 C. À S.
D'HUILE D'OLIVE

2 C. À S.
D'HUILE D'AGRUME

1 C. À C.
DE SAUCE SOJA

1 C. À C.
DE PIMENT D'ESPELETTE

12
OLIVES VERTES DÉNOYAUTÉES

1
ŒUF

2 C. À S.
DE FÉCULE DE MAÏS

200 G
DE TOFU SOYEUX

½ C. À C.
DE SEL FIN

1 PINCÉE
DE POIVRE BLANC

1 C. À C.
DE SEL DE MALDON®

1

LA PÂTE DE TOFU

+ ATTENTE 15 MIN

Déposer le tofu soyeux dans une passoire.

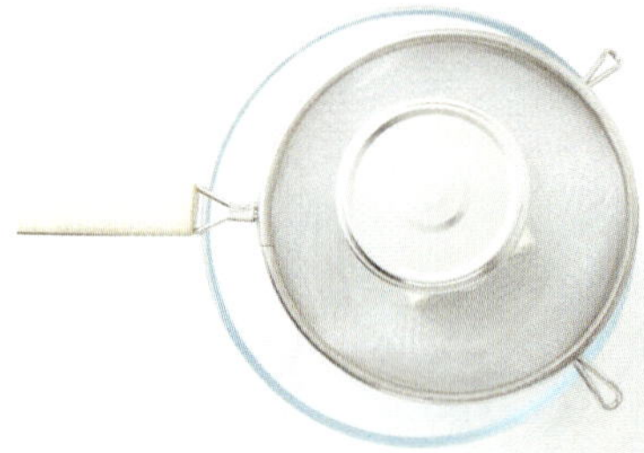

Poser une assiette sur le tofu et la surmonter d'une boîte de conserve pour mettre sous presse. Laisser égoutter 15 minutes.

Pendant ce temps, hacher finement le demi-oignon.

Hacher également 6 olives.

Couper en rondelles les 6 autres olives et les mettre de côté.

Rincer et ciseler les brins de persil. Râper la demi-gousse d'ail.

Mixer le tofu avec l'œuf, la fécule de maïs, l'huile d'olive, la sauce soja, le sel et le poivre.

Ajouter l'oignon haché, les olives hachées, le persil ciselé et l'ail râpé.

CONSEIL MasterChef

LES VÉGÉTALIENS POURRONT REMPLACER L'ŒUF PAR DES GRAINES DE CHIA ENTIÈRES (COMPTER 1 C. À S. DE GRAINES POUR REMPLACER 1 ŒUF) ON PEUT L'UTILISER COMME SUBSTITUTION À L'ŒUF POUR LIER LA PÂTE.

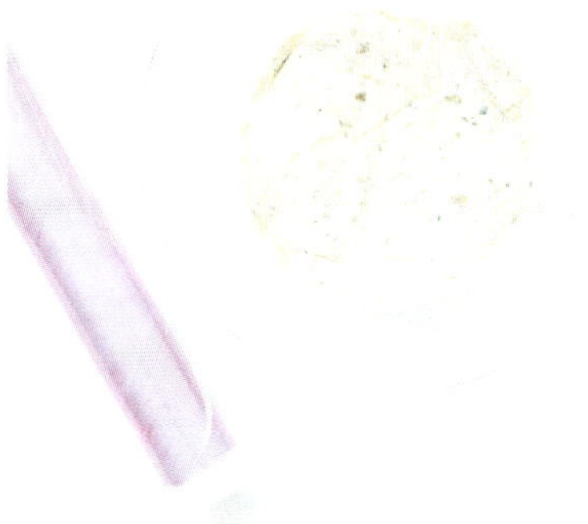

Filmer la préparation et la réserver au réfrigérateur.

2

LA SALADE DE TOPINAMBOURS

15 MINUTES

Éplucher les topinambours et les trancher très finement à l'aide d'une mandoline.

Les faire tremper pendant 15 minutes dans de l'eau froide, puis les égoutter.

CONSEIL MasterChef

IL FAUT FAIRE TREMPER LE TOPINAMBOUR POUR ÉVITER QU'IL NE NOIRCISSE ET POUR AVOIR UNE SENSATION DE CROQUANT EN BOUCHE.

Effeuiller les brins de cerfeuil et réserver.

Rincer les kumquats et les trancher en fines rondelles.

Mélanger les tranches de topinambour et de kumquat dans un saladier.

3

LES BLINIS

10 MINUTES

+ CUISSON 15 MIN

Faire chauffer une poêle à feu moyen et l'huiler légèrement.

Verser trois ou quatre petites louches de pâte et disposer dessus quelques rondelles d'olive.

Ajouter quelques feuilles de persil sur chaque galette.

Faites cuire 2 minutes, le temps que la pâte se rétracte sur les bords et soit dorée. Retourner les blinis et les cuire de l'autre côté.

Débarrasser les galettes sur une assiette et cuire de la même façon les autres blinis, jusqu'à épuisement de la pâte.

Assaisonner la salade de topinambours avec 2 c. à s. d'huile d'agrume et du sel de Maldon.

Mettre la salade dans un grand bol et la décorer de cerfeuil.

Disposer les blinis dans le plat de service et les saupoudrer d'un peu de piment d'Espelette.

LES ATELIERS DE MasterChef

BLINIS DE TOFU ET SALADE DE TOPINAMBOURS

LES ATELIERS DE MasterChef

SALADE DE SOBA

(NOUILLES DE SARRASIN ET TOFU CROUSTILLANT)

40 min PRÉPARATION + 20 min CUISSON + 15 min ATTENTE = 1 h 15 TOUT COMPRIS

NIVEAU ★★

BUDGET €

INGRÉDIENTS	POUR 6 PERSONNES
TOFU FERME	500 G
FÉCULE DE MAÏS	40 G
NOUILLES SOBA SÈCHES	420 G
CAROTTE	1
AVOCAT	1
MESCLUN	120 G
WAKAMÉ SÉCHÉ	20 G
GINGEMBRE	20 G
POMME (GRANNY SMITH)	100 G
OIGNON	40 G
AIL	½ GOUSSE
JUS DE POMME	60 ML
SAUCE SOJA	80 ML
VINAIGRE DE RIZ	2 C. À S.
GRAINES DE SÉSAME BLANCHES	3 C. À S.
HUILE D'OLIVE	3 C. À S.

LA SAUCE MULTI-USAGE

Elle peut être utilisée pour accompagner des légumes grillés, du poisson, de la viande... On peut la conserver 1 semaine au frais.

LA SAUCE DE SOBA TRADITIONNELLE

On trouve une sauce toute faite pour les soba dans les magasins asiatiques, la mentsuyu.

PAS DE VINAIGRE DE RIZ ?

Le remplacer par du vinaigre de céréale ou par du vinaigre de cidre.

VINAIGRE DE RIZ

Le vinaigre de riz japonais a un doux arôme sucré et est moins acide que les vinaigres de vin.

CHANGEMENT D'ASSOCIATIONS

PLUS DE VOLUME

▶ Remplacer les soba par des udon.

PLUS CHAUD

▶ Remplacer les légumes crus par des légumes sautés : carotte, céleri, courgette...

AVEC CETTE RECETTE

JE CONNAIS MAINTENANT

- ☐ LES SOBA, NOUILLES DE SARRASIN
- ☐ LE TOFU FERME
- ☐ LA SAUCE POMME ET SOJA

JE ME NOTE ★★★ ★★ ★

PRIMEURS

ÉPICERIE

1

LA PRÉPARATION DU TOFU

3 MINUTES

Découper le tofu en pavés de 1 cm d'épaisseur et les disposer sur du papier absorbant. Les réserver le temps de faire la recette.

2

LA SAUCE MULTI-USAGE

10 MINUTES

Éplucher et râper (ou mixer) l'oignon, la pomme, le gingembre et l'ail.

Mélanger l'ensemble avec le vinaigre, la sauce soja et le jus de pomme dans un bocal. Réserver au frais.

CONSEIL MasterChef

SI POSSIBLE, LAISSER MATURER LA SAUCE PENDANT 2 OU 3 JOURS : LE GOÛT DE L'AIL ET CELUI DE L'OIGNON SERONT MOINS AFFIRMÉS.

3

LES LÉGUMES ET LES NOUILLES

15 MINUTES

+ CUISSON **8 MIN** + ATTENTE **15 MIN**

Laver la carotte et la peler.

Faire tremper le wakamé et le laisser réhydrater pendant 15 minutes avant de l'égoutter.

Laver et égoutter le mesclun.

Peler l'avocat et le couper en cubes d'environ 7 mm de côté. Le filmer au contact et réserver au frais.

Verser les graines de sésame dans une poêle sans ajout de matière grasse et les faire torréfier rapidement à feu vif, en remuant sans cesse.

Faire cuire les nouilles en suivant les indications portées sur l'emballage.

CONSEIL MasterChef

PENDANT LA CUISSON DES SOBA, AJOUTER UNE ½ TASSE D'EAU FROIDE POUR ÉVITER QUE L'EAU DE LA CASSEROLE NE DÉBORDE. IDÉALEMENT, CES NOUILLES DOIVENT ÊTRE CUITES AL DENTE, MAIS C'EST SELON VOTRE GOÛT.

Égoutter les soba et les rincer sous l'eau froide.

4

LE TOFU CROUSTILLANT

+ CUISSON **10 MIN**

Parallèlement à la cuisson de nouilles, faire chauffer 1 c. à s. d'huile dans une poêle.

Mettre la fécule de maïs dans un sac plastique, ajouter quelques morceaux de tofu et fermer le sac, puis l'agiter afin que la fécule enrobe le tofu.

CONSEIL MasterChef

POUR FARINER, UTILISER UN SAC PLASTIQUE EST TRÈS PRATIQUE ET RAPIDE… ET IL PERMET DE NE PAS AVOIR À FAIRE LA VAISSELLE. AU MOMENT DE FERMER LE SAC, VEILLER À NE PAS ÉLIMINER L'AIR POUR QUE LE SAC SOIT BIEN GONFLÉ.

Prélever les pavés de tofu en éliminant l'excédent de fécule et les poser un par un dans la poêle chaude.

Les faire cuire de chaque côté jusqu'à ce qu'ils soient bien dorés, en ajoutant le reste d'huile petit à petit.

CONSEIL MasterChef

L'HUILE DE SÉSAME GRILLÉE A PLUS DE LA SAVEUR.

Déposer les morceaux de tofu sur une grille pour les laisser égoutter.

Répartir les nouilles dans six assiettes, puis les légumes.

Ajouter les morceaux de tofu encore chauds et parsemer le tout de graines de sésame grillées.

Verser la sauce dans un bol de service.

Verser un peu de sauce sur chaque assiette et servir, avec le reste de sauce à part.

SALADE DE SOBA

LES ATELIERS DE MasterChef

NAGE DE KUZU

(BOUILLON DE KUZU AU TOFU ET AUX EDAMAME)

40 min PRÉPARATION + 25 min CUISSON = 1 h 05 TOUT COMPRIS

★ NIVEAU

€ BUDGET

INGRÉDIENTS	POUR 6 PERSONNES
TOFU SOYEUX	400 G
ŒUFS	3
BOUILLON DE LÉGUMES (PAGE 114) (ou 2 cubes de bouillon de légumes + 1,2 l d'eau)	50 ML + 1,2 L
SAUCE SOJA	3 C. À C.
SEL	½ C. À C.
EDAMAME SURGELÉS	300 G
MANGE-TOUT	100 G
ASPERGES	1 BOTTE
CHAMPIGNONS DE PARIS	300 G
GINGEMBRE	30 G
CERFEUIL	2 BRINS
KUZU	30 G
EAU	2 C. À S.

LE KUZU

C'est une plante originaire des montagnes d'Asie. De sa racine on extrait une fécule qui s'utilise comme la Maïzena. Le kuzu réduit le risque de maladies cardio-vasculaires, prévient la ménopause et est utilisé en médecine traditionnelle chinoise dans le traitement du diabète.

LES SHIITAKE

On peut enrichir cette soupe de shiitake. Les nettoyer, les émincer et les faire sécher pendant une demi-journée pour avoir plus de bouillon.

PAS DE KUZU

Le remplacer par de la Maïzena.

SANS ŒUFS

Les remplacer par 30 g de kuzu et 3 c. à s. d'eau.

LES EDAMAME

Ces gousses, recouvertes d'un léger duvet, renferment des fèves de soja immatures. Elles sont très riches en protéines et en fibres.

CHANGEMENT D'ASSOCIATIONS

SOUPE ROUGE
▶ Ajouter dans la soupe du concentré de tomates et des piments.

SOUPE ORANGE
▶ Ajouter du curry et du cumin en poudre.

AVEC CETTE RECETTE

JE CONNAIS MAINTENANT

- ☐ LE TOFU SOYEUX
- ☐ LE KUZU
- ☐ LES EDAMAME

JE ME NOTE ★★★ ★★ ★

PRIMEURS

300 G
DE CHAMPIGNONS DE PARIS

100 G
DE MANGE-TOUT

30 G
DE GINGEMBRE

2 BRINS
DE CERFEUIL

1 BOTTE
D'ASPERGES

ÉPICERIE / CRÉMERIE / PRÉPARATION MAISON

3
ŒUFS

2 C. À S.
D'EAU

1,25 L
DE BOUILLON DE LÉGUMES

3 C. À C.
DE SAUCE SOJA

½ C. À C.
DE SEL

400 G
DE TOFU SOYEUX

300 G
D'EDAMAME SURGELÉS

30 G
DE KUZU

1

LES BOULES DE TOFU

20 MINUTES

+ CUISSON 15 MIN

Décortiquer les fèves d'edamame.

Dans un grand bol, mixer le tofu soyeux égoutté avec les œufs, 50 ml de bouillon de légumes, 3 c. à c. de sauce soja et le sel.

Couper un carré de film alimentaire de 30 cm de côté et en tapisser l'intérieur d'un petit bol.

Verser 1 louche de pâte au tofu dans le bol et ajouter 1 c. à s. d'edamame.

Relever les bords du film et les torsader pour donner à la pâte au tofu la forme d'une boule, puis maintenir serré avec un élastique.

Répéter cette opération cinq fois de façon à faire six boules.

Les faire cuire dans de l'eau bouillante pendant 15 minutes.

Au terme de la cuisson, couper le feu et laisser les boules dans l'eau.

2

LES LÉGUMES

15 MINUTES

Laver les mange-tout et les couper en tronçons biseautés.

Laver les asperges. Peler la partie dure à la base de chaque tige à l'aide d'un économe.

Les tailler en tronçons biseautés.

Nettoyer les champignons de Paris et les trancher.

Laver et éplucher le gingembre, puis le ciseler en fine julienne.

3

LA SOUPE

5 MINUTES

+ CUISSON 10 MIN

Verser 1,2 l de bouillon de légumes dans une casserole.

Porter le bouillon à ébullition, ajouter les champignons et les faire cuire environ 2 minutes.

Ajouter alors les mange-tout et les asperges, et prolonger la cuisson de 2 minutes.

Dans un petit bol, mélanger le kuzu avec 2 c. à s. d'eau froide.

CONSEIL MasterChef

LE KUZU DOIT ÊTRE DISSOUS DANS DE L'EAU FROIDE, SINON IL DURCIRA.

Verser le mélange dans la soupe en remuant et faire cuire jusqu'à ce que le liquide devienne transparent. Vérifier l'assaisonnement.

4

LA NAGE

5 MINUTES

Poser une boule de tofu au milieu de chaque bol. Couper le film alimentaire avec des ciseaux et l'enlever.

Remplir les bols de soupe autour des boules.

Ajouter le gingembre ciselé et parsemer le reste des edamame.

Ajouter un peu de cerfeuil et servir aussitôt.

LES ATELIERS DE MasterChef

NAGE DE KUZU

LES ATELIERS DE MasterChef

COCA COLORÉE

(PIZZA À PÂTE FINE ESTIVALE)

55 min	+	15 min	+	5 h 15	=	6 h 25	★★	€
PRÉPARATION		CUISSON		ATTENTE		TOUT COMPRIS	NIVEAU	BUDGET

INGRÉDIENTS	POUR 2 PERSONNES
POUR LA PÂTE À COCA	
FARINE DE GRAND ÉPEAUTRE INTÉGRALE BIO	275 G
SEL	4 G
LEVURE DE BOULANGER FRAÎCHE BIO	4 G
EAU FROIDE	150 ML
HUILE D'OLIVE	1 C. À S.
POUR LA SALSA VERDE	
ROQUETTE	60 G
ROMARIN	1 BRINDILLE
CÂPRES	20 G
OLIVES VERTES DÉNOYAUTÉES	40 G
AIL	½ GOUSSE
SEL	½ C. À C.
POIVRE	1 PINCÉE
HUILE D'OLIVE	200 ML
POUR LA GARNITURE	
COURGETTE	1
TOMATES ANCIENNES	2 ORANGE + 1 VERTE
MINI-POIVRONS	6
ROQUETTE	30 G
HUILE D'OLIVE	1 C. À S.
GRAINES DE COURGE	3 C. À S.
HUILE DE PIMENT VERT (PAGE 209)	

COCA
La *coca*, c'est une sorte de pizza espagnole. Elle peut être salée ou sucrée. Dans certaines régions d'Espagne, on abaisse la pâte très finement et on n'utilise pas de fromage. La *coca* est plus légère que la pizza.

PAS DE LEVURE FRAÎCHE ?
La remplacer par 5 g de levure en poudre bio.

CHANGEMENT D'ASSOCIATIONS

COMME LA SALADE
▶ Remplacer la garniture cuite par les mêmes légumes crus, émincés et légèrement marinés dans une vinaigrette.

PLUS DE PROTÉINES
▶ Ajouter des morceaux de tofu ferme et des pois chiches cuits.

AVEC CETTE RECETTE

JE CONNAIS MAINTENANT

- ☐ LA PÂTE À COCA À L'ÉPEAUTRE
- ☐ LA SALSA VERDE

JE ME NOTE ★★★ | ★★ | ★

PRIMEURS

ÉPICERIE / PRÉPARATION MAISON

1

LA PÂTE À COCA

20 MINUTES

+ ATTENTE 5 H 15

Tamiser la farine d'épeautre avec 4 g de sel dans un saladier.

Dans un petit bol, délayer la levure dans 2 c. à s. d'eau (prises sur les 150 ml d'eau).

Verser la levure diluée au centre de la farine, puis ajouter le reste d'eau et 1 c. à s. d'huile d'olive. Amalgamer à la main.

Pétrir pendant 15 minutes : taper la pâte avec le poing et replier ; répéter jusqu'à ce que la surface de la pâte soit lisse.

CONSEIL MasterChef

SI LA PÂTE EST TROP SÈCHE PENDANT L'AMALGAME ET LE PÉTRISSAGE, AJOUTER PROGRESSIVEMENT UN PEU D'EAU. À LA FIN, LA PÂTE DOIT ÊTRE PARFAITEMENT HOMOGÈNE ET LISSE.

Former une boule, la couvrir d'un torchon humide et la laisser reposer 15 minutes à température ambiante.

Pétrir la pâte et la taper plusieurs fois pour éliminer l'air. La diviser en deux boules.

Fariner un plat, y déposer les boules de pâte et fermer. Laisser fermenter jusqu'à ce qu'elles doublent de volume.

CONSEIL MasterChef

LAISSER REPOSER À TEMPÉRATURE AMBIANTE, DANS UN ENDROIT PAS TROP CHAUD POUR QUE LA FERMENTATION S'EFFECTUE LENTEMENT. LA DURÉE DE FERMENTATION DÉPEND DE LA TEMPÉRATURE ET DE LA SAISON. IL FAUT COMPTER ENTRE 3 ET 5 HEURES.

2

LA SALSA VERDE

5 MINUTES

Mixer la roquette avec le romarin, les câpres, les olives, l'ail, le sel, le poivre et l'huile d'olive. Réserver au frais.

3

LA GARNITURE

15 MINUTES

Laver la courgette et la couper en tranches de 5 mm d'épaisseur.

Couper les tomates orange en rondelles de 5 mm d'épaisseur. Couper la tomate verte en très fins quartiers.

Laver les mini-poivrons et les trancher en rondelles.

CONSEIL MasterChef

ON PEUT UTILISER DES POIVRONS GRILLÉS EN CONSERVE, CE SERA AUSSI BON.

Laver la roquette, l'égoutter et la sécher avec du papier absorbant.

4

LA CUISSON

+ CUISSON 15 MIN

Préchauffer le four à 250 °C (th. 8-9). Huiler deux plaques à four à l'aide d'un pinceau.

Fariner le plan de travail. Pétrir les pâtes et les abaisser en rectangles de 30 × 20 cm, sur environ 5 mm d'épaisseur.

Disposer chaque pâte sur une plaque.

Badigeonner les pâtes de *salsa verde*.

Disperser sur la pâte les rondelles de courgette, de poivrons et de tomate orange.

Enfourner et laisser cuire pendant 10 à 15 minutes, jusqu'à ce que la pâte soit dorée et croustillante.

À la sortie du four, parsemer de roquette, de quartiers de tomate verte et de graines de courge.

Servir aussitôt, avec de l'huile de piment vert.

COCA COLORÉE

LES ATELIERS DE MasterChef

CROQUANT MARINÉ

(GRILLÉ DE LÉGUMES-RACINES MARINÉS, LENTILLES CORAIL ET QUINOA)

50 min PRÉPARATION + 45 min CUISSON = 1 h 35 TOUT COMPRIS

★ NIVEAU

€ BUDGET

INGRÉDIENTS	POUR 6 PERSONNES
CAROTTES DE QUATRE COULEURS	900 G
PANAIS	400 G
TOPINAMBOURS	400 G
RAISIN BLANC	1 GRAPPE
MENTHE	½ BOTTE
NOIX DE CAJOU	90 G
RAISINS SECS	90 G
JUS DE POMME	150 ML
VINAIGRE DE XÉRÈS	4 C. À S.
HUILE DE NOISETTE	3 C. À S.
SAUCE SOJA	4 C. À S.
AIL	½ GOUSSE
CANNELLE EN POUDRE	½ C. À C.
POIVRE	1 PINCÉE
GRAINES DE FENOUIL	1 C. À S.
LENTILLES CORAIL	150 G
QUINOA	150 G

POUR L'APÉRITIF
Couper les légumes en petits morceaux et en garnir des crackers, ou les disposer dans des verrines.

PAS DE TOPINAMBOURS
Les remplacer par des radis ou par des navets.

CHANGEMENT D'ASSOCIATIONS

PLUS DE VOLUME
▶ Remplacer les légumes-racines par un potiron, une courge butternut, des patates douces…

PLUS ESTIVAL
▶ Remplacer les légumes anciens par des courgettes, des poivrons et des aubergines, et ajouter du gingembre râpé.

AVEC CETTE RECETTE

JE CONNAIS MAINTENANT

☐ LA MARINADE
☐ LES LÉGUMES ANCIENS (PANAIS, TOPINAMBOUR)

JE ME NOTE ★★★ ★★ ★

PRIMEURS

ÉPICERIE

1

LES LÉGUMES

30 MINUTES

+ CUISSON 30 MIN

Laver et éplucher les carottes, en veillant à garder quelques fanes pour la déco. Les couper en deux dans la longueur.

CONSEIL MasterChef

LES PLANTES CONSOMMÉES DANS LEUR TOTALITÉ, COMME LA NATURE NOUS LES DONNE, CONDUISENT À UN ÉQUILIBRE HARMONIEUX. POUR PROFITER ENTIÈREMENT DES LÉGUMES, SURTOUT BIO, L'IDÉAL EST DE NE PAS LES ÉPLUCHER, SIMPLEMENT DE LES BROSSER.

Laver et éplucher les panais, puis les couper en longs bâtonnets. Préchauffer le four à 180 °C (th. 6).

Brosser et frotter les topinambours pour les nettoyer parfaitement.

Les couper en rondelles d'environ 7 mm d'épaisseur. Les plonger dans un saladier d'eau et les égoutter, trois fois d'affilée.

CONSEIL MasterChef

LE FAIT DE TREMPER ET DE RINCER PLUSIEURS FOIS LES TOPINAMBOURS LEUR ÉVITE DE NOIRCIR.

Passer la menthe sous l'eau, l'éponger et l'effeuiller, puis l'émincer. Réserver.

Mettre les noix de cajou dans un sac plastique et les concasser avec un rouleau.

Les verser dans une poêle antiadhésive et les torréfier à feu vif sans ajout de matières grasses. Réserver.

Étaler les légumes sur la plaque du four et les badigeonner d'huile de noix. Enfourner et laisser cuire pendant 30 minutes.

2

LA MARINADE

5 MINUTES

Râper l'ail.

Dans un bol, mélanger le jus de pomme, le vinaigre de xérès, la sauce soja, la cannelle, le poivre, les graines de fenouil et l'ail râpé.

Mettre de côté 2 c. à s. de cette marinade pour les lentilles et le quinoa, et verser le reste dans un plat assez grand.

3

L'ACCOMPAGNEMENT

5 MINUTES

+ CUISSON 15 MIN

Mélanger les lentilles et le quinoa. Rincer le tout sous l'eau courante et égoutter.

CONSEIL MasterChef

ON PEUT REMPLACER LES LENTILLES PAR DU BOULGOUR
OU DU SARRASIN EN GRAINS.

Verser les lentilles et le quinoa dans une casserole. Les couvrir d'eau froide salée et les faire cuire 15 minutes.

CONSEIL MasterChef

N'HÉSITEZ PAS À PARFUMER L'EAU DE CUISSON DES LENTILLES AVEC UN PEU DE LAURIER, DE THYM, DE ROMARIN...

4

LA FINITION

10 MINUTES

Placer les légumes grillés encore chauds dans le plat et les tourner pour bien les assaisonner.

Ajouter les raisins secs.

Couper en deux les grains de raisin blanc et les ajouter, ainsi que la menthe (garder 1 c. à s. pour les lentilles et le quinoa).

Ajouter les noix de cajou.

Égoutter les lentilles et le quinoa, les verser dans un bol et ajouter la marinade ainsi que la menthe mises de côté. Mélanger.

Servir les légumes avec la salade de lentilles et de quinoa.

LES ATELIERS DE MasterChef

CROQUANT MARINÉ

LES ATELIERS DE MasterChef

LASAGNES VEGGIE

(POMMES DE TERRE ET COURGETTES À LA SAUCE TOMATE ET AUX PROTÉINES DE SOJA)

PRÉPARATION	CUISSON	ATTENTE	TOUT COMPRIS	NIVEAU	BUDGET
50 min	+ 1 h 35	+ 15 min	= 2 h 40	★★	€

INGRÉDIENTS	POUR 6 PERSONNES
TOMATES (BIEN MÛRES)	800 G
AIL	2 GOUSSES
OIGNONS	400 G
POMMES DE TERRE	800 G
CHAMPIGNONS DE PARIS	300 G
CAROTTES	3
COURGETTES	3
TOMATES CERISES	8
CERFEUIL	5 OU 6 BRINS
HUILE D'OLIVE	3 C. À S. + 1 C. À S. + 1 C. À S. + 1 C. À S. + 1 C. À S.
PROTÉINES DE SOJA	200 G
SEL	
POIVRE	

CHANGEMENT D'ASSOCIATIONS

PLUS BLANC

▶ Remplacer la sauce tomate par de la béchamel au lait de soja.

PLUS VERT

▶ Ajouter du pistou (page 126).

ET SI CE N'EST PAS LA SAISON DES TOMATES ?
Remplacer les tomates fraîches par des tomates concassées en boîte.

PLUS RAPIDE
On peut utiliser du coulis de tomates.

PAS DE PROTÉINES DE SOJA ?
Les remplacer par du tofu ferme.

AVEC CETTE RECETTE

JE CONNAIS MAINTENANT

☐ LES PROTÉINES DE SOJA (POUR REMPLACER LA VIANDE)

JE ME NOTE ★★★ | ★★ | ★

PRIMEURS

2 GOUSSES D'AIL

8 TOMATES CERISES

800 G DE TOMATES

400 G D'OIGNONS

300 G DE CHAMPIGNONS DE PARIS

3 CAROTTES

800 G DE POMMES DE TERRE

5 OU 6 BRINS DE CERFEUIL

3 COURGETTES

ÉPICERIE

7 C. À S. D'HUILE D'OLIVE

200 G DE PROTÉINES DE SOJA

POIVRE

SEL

1

LA SAUCE TOMATE

15 MINUTES

+ CUISSON 55 MIN

Peler et dégermer l'ail. Éplucher les oignons. Émincer ces deux aromates, séparément.

Verser 3 c. à s. d'huile d'olive dans une cocotte, ajouter l'ail et le faire cuire doucement. Ajouter l'oignon et laisser suer 5 minutes à feu moyen.

Laver les tomates et les couper en dés.

CONSEIL MasterChef

POUR PROFITER AU MAXIMUM DU LYCOPÈNE (UN CAROTÉNOÏDE, AUX VERTUS ANTIOXYDANTES) DES TOMATES, UTILISEZ CES DERNIÈRES ENTIÈRES, NE LES PELEZ PAS.

Ajouter les tomates, couvrir et faire mijoter environ 30 minutes, en remuant de temps en temps.

Blanchir les protéines de soja : les faire cuire environ 15 minutes à l'eau bouillante. Les égoutter et les rincer, puis les égoutter encore et les sécher.

CONSEIL MasterChef

LE FAIT DE RINCER ET DE GRILLER LES PROTÉINES DE SOJA PERMET D'ÉLIMINER LEUR ODEUR. EN BOUCHE, LEUR TEXTURE SERA LA MÊME QUE CELLE DE LA VIANDE.

Faire revenir les protéines de soja avec 1 c. à s. d'huile dans une poêle sur feu vif. Réserver.

Ajouter les protéines de soja dans la sauce tomate et prolonger la cuisson de 5 minutes. Réserver.

2

LA GARNITURE

20 MINUTES

+ CUISSON 15 MIN

Laver, peler et couper les pommes de terre en tranches régulières de 2 mm d'épaisseur à l'aide d'une mandoline.

Les plonger au fur et à mesure dans l'eau pour éviter qu'elles ne noircissent, puis les égoutter.

Nettoyer les champignons et les couper en tranches de 5 mm d'épaisseur.

Les faire sauter avec 1 c. à s. d'huile sur feu moyen, puis les réserver. Faire sauter les pommes de terre dans un peu d'huile.

Ajouter 3 c. à s. d'eau, couvrir et laisser étuver pendant environ 5 minutes. À la fin, saler et poivrer.

Peler les carottes et les tailler dans la longueur en tranches de 2 mm d'épaisseur à l'aide de la mandoline.

Les mettre dans une casserole, mouiller à hauteur et faire cuire environ 5 minutes. Égoutter et réserver.

CONSEIL MasterChef

ATTENTION ! NE FAITES PAS TROP CUIRE LES CAROTTES, ELLES DOIVENT RESTER ASSEZ CROQUANTES.

3

LES LASAGNES

+ CUISSON 25 MIN

Laver les courgettes, les trancher comme les carottes et les réserver. Préchauffer le four à 200 °C (th. 6-7).

Huiler un grand plat à gratin et monter les lasagnes : une couche de pommes de terre, puis de la sauce tomate, puis les courgettes.

Ajouter ensuite une couche de carottes, puis les champignons sautés et une nouvelle couche de sauce tomate.

Recommencer depuis la couche de pommes de terre, pour un deuxième étage. Pour finir, alterner carottes et courgettes.

Badigeonner la surface avec 1 c. à s. d'huile d'olive, enfourner et laisser cuire 20 minutes environ.

Disposer les tomates cerises sur les lasagnes, enfourner de nouveau et prolonger la cuisson de quelques minutes.

À la sortie du four, parsemer de feuilles de cerfeuil.

LASAGNES VEGGIE

LES ATELIERS DE MasterChef

GRATIN DU JARDIN

(GRATIN DE BROCOLIS ET KUMQUATS À LA CRÈME DE SOJA)

15 min PRÉPARATION + 20 min CUISSON = 35 min TOUT COMPRIS

★ NIVEAU

€ BUDGET

INGRÉDIENTS	POUR 4 À 6 PERSONNES
BROCOLIS	2
KUMQUATS	120 G
CRÈME DE SOJA	300 ML
ŒUFS	3
EMMENTAL	130 G
CUBE DE BOUILLON DE LÉGUMES BIO	1
EAU CHAUDE	2 C. À S.
POIVRE	
SEL	1 C. À C.

CHANGEMENT D'ASSOCIATIONS

EN AUTOMNE ET EN HIVER

▶ Remplacer les brocolis par des choux de Bruxelles et un potiron cuit.

AU PRINTEMPS

▶ Utiliser des asperges et des fèves, ou du chou-fleur.

LES VERTUS DU BROCOLI

Riche en vitamine C (deux fois plus que le citron), en bêta-carotène, en fibres, en protéines et en minéraux, le brocoli contient aussi des antioxydants. Il a ainsi une efficacité contre le vieillissement, il protège la vision et donne une belle peau.
Il a aussi des vertus anticancéreuses. Attention : si vous le faites cuire dans de l'eau bouillante, il perdra 70 % de ses agents anticancéreux. Préférez une cuisson à la vapeur ou à l'étuvée.

SI VOUS ÊTES « OVO » OU « LACTO » VÉGÉTARIEN

Vous pouvez réaliser cette recette sans œufs ou sans fromage.

PAS DE KUMQUATS ?

Les remplacer par des zestes d'oranges non traitées.

LE KUMQUAT

Cet agrume originaire d'Asie est riche en vitamine C, en potassium, en calcium et en magnésium. Il pousse bien dans le midi de la France et en Italie. En hiver, on l'utilise pour faire de la confiture, des gâteaux, des sorbets... c'est très bon !

AVEC CETTE RECETTE

JE CONNAIS MAINTENANT

☐ LA FAÇON DE GRATINER FACILEMENT ET SIMPLEMENT

☐ LA CRÈME DE SOJA

JE ME NOTE ★★★ ★★ ★

PRIMEURS

120 G
DE KUMQUATS

2
BROCOLIS

ÉPICERIE

POIVRE

1 C. À C.
DE SEL

2 C. À S.
D'EAU CHAUDE

300 ML
DE CRÈME DE SOJA

1
CUBE DE BOUILLON
DE LÉGUMES BIO

CRÉMERIE

130 G
D'EMMENTAL

3
ŒUFS

1

PRÉPARATION DES INGRÉDIENTS

10 MINUTES

+ CUISSON 5 MIN

Laver les brocolis et les détailler en petits bouquets.

Les faire cuire à la vapeur environ 5 minutes (ils doivent être encore croquants), puis les égoutter.

Émincer les kumquats en fines rondelles. Préchauffer le four à 200 °C (th. 6-7).

2

PRÉPARATION DE L'APPAREIL ET CUISSON

5 MINUTES

+ CUISSON 15 MIN

Dans un bol, dissoudre le cube de bouillon avec 2 c. à s. d'eau chaude, puis ajouter la crème de soja, les œufs et le poivre. Bien mélanger.

Disposer les fleurettes de brocoli les unes à côté des autres dans un plat à gratin, puis verser l'appareil.

Parsemer d'emmental râpé et de la moitié des tranches de kumquat. Enfourner et laisser cuire pendant 10 à 15 minutes.

Ajouter le reste des kumquats et servir aussitôt.

LES ATELIERS DE MasterChef

GRATIN DU JARDIN

LES ATELIERS DE MasterChef

ÉNERGIE CURRY

(CURRY DE PROTÉINES DE SOJA, PETIT ÉPEAUTRE ET BLÉ)

30 min PRÉPARATION + 1 h 40 CUISSON = 2 h 10 TOUT COMPRIS

NIVEAU : ★

BUDGET : €

INGRÉDIENTS	POUR 6 PERSONNES
PETIT ÉPEAUTRE	220 G
BLÉ TENDRE COMPLET	220 G
PROTÉINES DE SOJA	150 G
OIGNONS	500 G
CAROTTES	2
TOMATES	360 G
CURRY EN POUDRE	4 C. À S.
CUMIN MOULU	2 C. À S.
SAUCE SOJA	2 C. À S.
SUCRE BRUN SEMOULE	1 C. À S.
MISO ROUGE	3 C. À S.
HUILE D'OLIVE	3 C. À S.
LAURIER	2 FEUILLES
AIL	2 GOUSSES
GINGEMBRE	30 G
POMME	1
EAU	600 ML
SALADE ICEBERG	200 G
TOMATES CERISES	12
RAISINS SECS BLONDS	60 G
CORNICHONS	60 G
PETITS OIGNONS BLANCS AU VINAIGRE	60 G
NOIX DE CAJOU	60 G

CHANGEMENT D'ASSOCIATIONS

SUR DES TARTINES

▶ Napper cette sauce de curry sur du pain pour de délicieuses tartines !

EN ÉTÉ

▶ Ajouter à la sauce de l'aubergine, des courgettes et des tomates grillées.

AVEC CETTE RECETTE

JE CONNAIS MAINTENANT

- ☐ LE PETIT ÉPEAUTRE
- ☐ LE BLÉ TENDRE COMPLET
- ☐ LES PROTÉINES DE SOJA

JE ME NOTE ★★★ | ★★ | ★

PROTÉINES DE SOJA

Elles remplacent la viande dans nombre de plats végétariens. En bouche, leur texture est la même que celle de la viande.

PAS DE BLÉ NI D'ÉPEAUTRE ?

Les remplacer par du riz : riz rond blanc, rond complet, riz basmati, riz long...

PRIMEURS

ÉPICERIE

1

LA CUISSON DE L'ÉPEAUTRE ET DU BLÉ

5 MINUTES

+ CUISSON 45 MIN

Laver le petit épeautre et le blé.

Les mettre dans une cocotte, ajouter trois fois leur volume d'eau et porter à ébullition. Laisser cuire à feu doux pendant 45 minutes.

Égoutter le petit épeautre et le blé, puis les garder au chaud dans la cocotte.

CONSEIL MasterChef

EN FAISANT TREMPER LE PETIT ÉPEAUTRE ET LE BLÉ DANS L'EAU DURANT ENVIRON 6 HEURES, LA DURÉE DE CUISSON SERA PLUS COURTE ET LE GOÛT, PLUS SAVOUREUX.

2

LES PROTÉINES DE SOJA

5 MINUTES

+ CUISSON 10 MIN

Faire cuire les protéines de soja dans de l'eau bouillante pendant environ 10 minutes.

Les égoutter et les rincer à l'eau courante avant de les réserver dans une passoire.

CONSEIL MasterChef

BLANCHIR LES PROTÉINES DE SOJA PERMET D'ÉLIMINER L'ODEUR DE SOJA. ON PEUT ENSUITE LES UTILISER COMME DE LA VIANDE HACHÉE DANS DE NOMBREUSES RECETTES : SAUTÉS, RAGOÛTS, LASAGNES...

3

LE CURRY

15 MINUTES

+ CUISSON 50 MIN

Éplucher l'ail et le gingembre, puis les hacher. Laver et éplucher les oignons et les carottes avant de les émincer finement.

Éplucher la pomme et la râper grossièrement.

Laver les tomates et les couper en petits morceaux.

Faire chauffer 2 c. à s. d'huile d'olive dans une cocotte. Ajouter l'ail et le gingembre haché, et les faire fondre sur feu doux.

Ajouter les protéines de soja et les faire sauter.

Ajouter alors les oignons et les carottes. Les faire sauter pendant quelques minutes à feu moyen.

Saupoudrer le tout du curry en poudre et du cumin moulu. Ajouter 1 c. à s. d'olive et mélanger.

CONSEIL MasterChef

POUR UN PLAT MOINS RELEVÉ, AJOUTER DU LAIT DE COCO : LA SAUCE SERA PLUS CRÉMEUSE ET LE GOÛT, MOINS PIQUANT.

Ajouter la tomate, la pomme, la sauce soja, le miso, le sucre, le laurier et l'eau.

Couvrir la cocotte et laisser cuire 30 minutes, en écumant au besoin. Enlever le couvercle et prolonger la cuisson de 5 minutes à feu moyen.

4

L'ACCOMPAGNEMENT

5 MINUTES

Laver les tomates cerises. Laver les feuilles de salade et les émincer ; les réserver dans une passoire.

Mettre dans des ramequins les raisins secs, les cornichons, les oignons au vinaigre et les noix de cajou.

CONSEIL MasterChef

IL EXISTE BEAUCOUP DE RECETTES DE CURRY ; ELLES SONT FONCTION DU PAYS OU DE LA RÉGION (INDE, EUROPE, THAÏLANDE, JAPON...).

CONSEIL MasterChef

ON PEUT AUSSI AJOUTER DU CHUTNEY DE MANGUES ET D'OIGNONS DANS LA SAUCE DU CURRY.

Répartir le blé et le petit épeautre encore chauds dans les assiettes de service. Disposer des feuilles de salade iceberg sur le dessus.

Garnir les assiettes de curry. Ajouter 2 tomates cerises dans chacune d'elles et servir avec les quatre accompagnements.

ÉNERGIE CURRY

DON

(BOL DE BOULGOUR, LÉGUMES MARINÉS ET TEMPEH)

PRÉPARATION		CUISSON		ATTENTE		TOUT COMPRIS	NIVEAU	BUDGET
25 min	+	30 min	+	30 min	=	1 h 25	★	€

INGRÉDIENTS	POUR 6 PERSONNES
BOULGOUR GROS	400 G
EAU	1,1 L
POIREAU	1
AUBERGINE	1
CAROTTES PRIMEURS	1 BOTTE
COURGETTES	2
POIVRONS ROUGES	2
TEMPEH	200 G
EDAMAME (CONGELÉS)	200 G
BAIES DE GOJI	2 C. À S.
POUR LA MARINADE	
SAUCE SOJA	100 ML
JUS DE POMME	200 ML
KOMBU (avant réhydratation ; voir ci-dessous l'encadré « 1 h avant »)	5 G
SIROP D'AGAVE	2 C. À S.
HUILE DE SÉSAME	4 C. À S.

CHANGEMENT D'ASSOCIATIONS

PLUS DE VOLUME
▶ Ajouter du potiron ou de la patate douce cuite.

PLUS ÉPICÉ
▶ Ajouter du gingembre, de l'ail, des piments ou de la harissa dans la marinade.

1 H AVANT

1

Faire tremper le kombu dans 100 ml d'eau.

TEMPEH

Ce produit originaire d'Indonésie est fabriqué à partir de graines de soja cuites fermentées. Il est riche en protéines.

DES PLATS TRADITIONNELS JAPONAIS

Les *donburi* (« don », en abrégé) sont composés d'un grand bol de riz (*one bowl dish*) sur lequel sont disposées différentes garnitures (poisson, viande, légumes). Ils sont très populaires et répandus au Japon, car ils sont faciles à cuisiner et permettent beaucoup de variété.

AVEC CETTE RECETTE

JE CONNAIS MAINTENANT

- ☐ LA MARINADE
- ☐ LA CUISSON DU BOULGOUR
- ☐ LE TEMPEH

JE ME NOTE ★★★ | ★★ | ★

PRIMEURS

ÉPICERIE

1

LA CUISSON DU BOULGOUR

2 MINUTES

+ CUISSON 10 MIN + ATTENTE 15 MIN

Dans une casserole, mettre le boulgour et 1,1 litre d'eau.

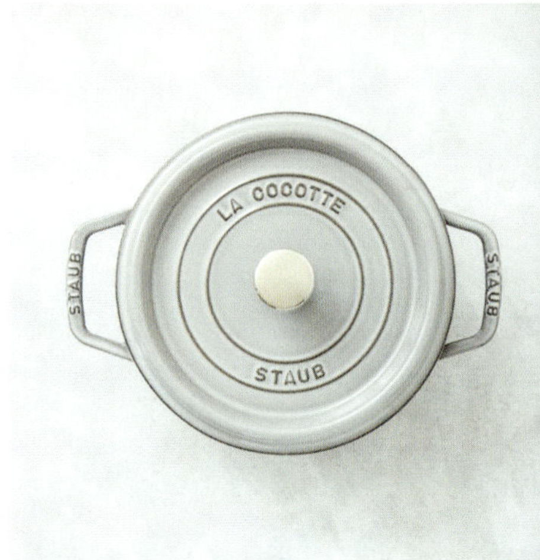

Porter à ébullition sur feu vif et faire cuire 3 minutes, puis couvrir, réduire à feu moyen et laisser frémir 10 minutes.

Enlever la casserole du feu et réserver 15 minutes, toujours avec le couvercle, jusqu'à ce que toute l'eau soit absorbée.

CONSEIL MasterChef

IL EXISTE PLUSIEURS FAÇONS DE FAIRE CUIRE LE BOULGOUR, C'EST SELON LA RECETTE : À LA POÊLE, COMME UN RISOTTO, EN AJOUTANT DE L'HUILE OU DANS UN BOUILLON DE LÉGUMES.

2

PRÉPARER LES LÉGUMES

15 MINUTES

+ ATTENTE 15 MIN

Laver l'aubergine et la trancher en demi-rondelles. Les faire tremper dans l'eau 10 minutes, puis les sécher avec du papier absorbant.

Laver et éplucher les carottes. En garder 6 avec les fanes ; couper les autres en tranches biseautées de 3 mm d'épaisseur.

Laver les courgettes et les couper en rondelles de 1 cm d'épaisseur.

Laver les poivrons et les tailler en lamelles.

Laver et éplucher le poireau. Débiter le blanc en tronçons de 5 cm et recouper ces derniers en deux dans la longueur.

Les émincer très finement dans la longueur, puis les tremper dans de l'eau froide. Les sécher à l'aide de papier absorbant.

Couper le vert de poireau en morceaux de 3 cm de long.

Décongeler les edamame, les rincer à l'eau courante et les laisser égoutter 3 minutes. Les écosser ensuite.

Couper le tempeh en tranches de 1 cm d'épaisseur.

3

LA MARINADE

3 MINUTES

+ CUISSON 5 MIN

Porter à ébullition la sauce soja, le jus de pomme, le sirop d'agave, le kombu et son eau de trempage, puis laisser cuire 3 minutes à feu doux.

CONSEIL MasterChef

CETTE MARINADE PEUT S'UTILISER COMME SAUCE POUR DES LEGUMES GRILLÉS OU SAUTÉS. VOUS POUVEZ REMPLACER LE SIROP D'AGAVE PAR DU MIEL, SELON VOTRE GOÛT.

4

FAIRE MARINER LES LÉGUMES

5 MINUTES

+ CUISSON 15 MIN

Faire chauffer un gril, y déposer les aubergines et les badigeonner d'huile de sésame. Les faire griller, puis les mettre dans le bac de la marinade.

CONSEIL MasterChef

ON PEUT AUSSI CUIRE LES LÉGUMES À LA POÊLE OU LES FAIRE FRIRE.

Cuire de la même façon les tranches de carotte et de tempeh, les courgettes, le poivron, les carottes entières et le vert de poireau.

Mettre tous les légumes dans la marinade au fur et à mesure et mélanger soigneusement.

CONSEIL MasterChef

POUR CETTE RECETTE, LA MARINADE EST COURTE. ON PEUT AUSSI LUI AJOUTER DU VINAIGRE ET LAISSER LES LÉGUMES REPOSER DEDANS PENDANT 2 HEURES ; LES LÉGUMES MARINÉS PEUVENT ALORS SE SERVIR POUR L'ENTRÉE OU L'APÉRITIF.

Répartir le boulgour cuit et encore chaud dans les bols de service.

Ajouter les légumes marinés sur le dessus.

Parsemer le tout de filaments de blanc de poireau, d'edamame et de baies de goji.

DON

LES ATELIERS DE MasterChef

VEGGIE-TEM

(TEMPURAS DE TOFU FARCI AU CITRON ET SALADE AUX TROIS HERBES)

50 min PRÉPARATION + 15 min CUISSON + 4 h 10 ATTENTE = 5 h 15 TOUT COMPRIS

★★★ NIVEAU

€ BUDGET

INGRÉDIENTS	POUR 6 PERSONNES
AUBERGINE	1
COURGETTES	2
CITRON BIO	1
SEL	1 C. À S.
TOFU SOYEUX	400 G
TOMATES SÉCHÉES	40 G
ŒUFS	1 + 1
AONORI (ALGUE EN PAILLETTES)	1 C. À S.
SAUCE SOJA	1 C. À C.
FÉCULE DE MAÏS	1 C. À C. + 20 G
FARINE (TYPE 45)	30 G + 80 G
EAU	200 ML + 1 C. À S.
HUILE DE COLZA	1 L + 1 C. À S.
PIMENT D'ESPELETTE	½ C. À C.
GRAINES DE CHANVRE	1 C. À S.
CERFEUIL	1 BOTTE
ESTRAGON	1 BOTTE
CORIANDRE	1 BOTTE

3 H AVANT

Préparer le citron confit et le jus de citron salé pour la sauce.

2 H AVANT

Mettre au frais tous les ingrédients des tempuras : la farine, la fécule de maïs, l'œuf, l'eau et le bol.

AONORI

Mot japonais désignant un type d'algues vertes séchées. C'est un condiment traditionnel de la cuisine japonaise. L'aonori contient de la vitamine B12 et des acides aminés, des éléments nécessaires pour les végétariens. Elle est riche en calcium, en magnésium et en lithium.

CHANGEMENT D'ASSOCIATIONS

SANS ŒUF

▶ Mettre à la place 1 c. à s. de graines de lin écrasées et 3 c. à s. d'eau.

PLUS JAPONAIS

▶ Servir avec de la sauce soja.

AVEC CETTE RECETTE

JE CONNAIS MAINTENANT

- ☐ LA PÂTE À TEMPURAS
- ☐ LE FARCI DE TOFU

JE ME NOTE ★★★ | ★★ | ★

PRIMEURS

1
BOTTE D'ESTRAGON

1
BOTTE DE CORIANDRE

2
COURGETTES

1
AUBERGINE

1
BOTTE DE CERFEUIL

1
CITRON BIO

ÉPICERIE / CRÉMERIE

1 C. À C.
DE SAUCE SOJA

215 ML D'EAU

½ C. À C.
DE PIMENT D'ESPELETTE

2
ŒUFS

1 L
D'HUILE DE COLZA

40 G
DE TOMATES SÉCHÉES

1 C. À S.
D'AONORI

23 G
DE FÉCULE DE MAÏS

110 G
DE FARINE (TYPE 45)

1 C. À S.
DE GRAINES DE CHANVRE

1 C. À S. DE SEL

400 G
DE TOFU SOYEUX

1

LE CITRON CONFIT

3 MINUTES

+ ATTENTE 3 H

Laver le citron, l'essuyer, le trancher et le mettre dans un bocal. Ajouter 1 c. à s. de sel, mélanger et réserver au frais 3 heures.

CONSEIL MasterChef

CITRON CONFIT

POUR CETTE RECETTE, ON FAIT MACÉRER LE CITRON AVEC UN PEU DE SEL PENDANT 3 HEURES, PUIS ON PRÉLÈVE SON JUS, ON ÉMINCE LE CITRON ET ON L'UTILISE COMME CONDIMENT POUR UNE VINAIGRETTE, UNE SALADE OU UNE SOUPE.

2

LE TOFU

2 MINUTES

+ ATTENTE 1 H

Mettre une passoire dans un bol, y déposer le tofu et placer dessus une soucoupe. La lester (bocal...) et réserver 1 h, pour éliminer l'eau.

3

LES LÉGUMES ET LA FARCE DE TOFU

20 MINUTES

+ ATTENTE 10 MIN

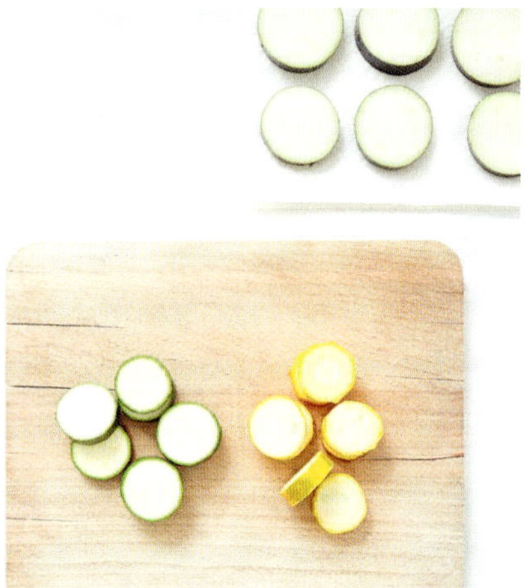

Laver l'aubergine, la couper en rondelles de 1 cm d'épaisseur et la faire tremper pendant 10 minutes avant de la sécher. Trancher aussi les courgettes.

Laver et émincer le cerfeuil ainsi que la coriandre. Trier et équeuter l'estragon. Hacher 2 tranches de citron confit. Réserver le tout.

Hacher les tomates séchées.

Fouetter le tofu avec 1 œuf, 1 c. à c. de sauce soja et 1 c. à c. de fécule de maïs. Ajouter les tomates séchées, filmer et réserver au frais.

CONSEIL MasterChef

SI VOUS N'AVEZ PAS D'ŒUF OU SI VOUS N'EN MANGEZ PAS, AJOUTEZ UN PEU PLUS DE FÉCULE, POUR LIER.

4

LES TEMPURAS

20 MINUTES

+ CUISSON 15 MIN

Fariner les rondelles de courgette et d'aubergine des deux cotes avec 30 g de farine. Faire chauffer 1 l d'huile à 170 °C dans une casserole.

Disposer 1 c. à s. de farce sur une rondelle de courgette, l'aplatir et poser dessus une autre rondelle de courgette.

Recommencer cette opération avec le reste des rondelles de courgette, puis avec les tranches d'aubergine.

Dans un bol, mélanger 200 ml d'eau froide et 1 œuf.

Tamiser 80 g de farine et 20 g de fécule de maïs ensemble, puis ajouter les paillettes d'algue. Mettre dans un récipient froid.

CONSEIL MasterChef

LES VÉGÉTARIENS STRICTS POURRONT AUSSI FAIRE CETTE PÂTE SANS L'ŒUF.

Verser l'eau et l'œuf dans le récipient avec la farine et la fécule, en remuant avec un fouet ou une fourchette.

CONSEIL MasterChef

LA PÂTE DOIT ÊTRE FROIDE POUR CRÉER UN CHOC THERMIQUE : AINSI, LES TEMPURAS SERONT CROUSTILLANTS. PENDANT LA CUISSON, NE CONSERVEZ PAS LA PÂTE PRÈS DE LA CASSEROLE POUR QU'ELLE NE CHAUFFE PAS. ÉVITEZ AUSSI DE TROP LA MÉLANGER, SINON ELLE SERA GLUANTE ET LOURDE.

Plonger les farcis de courgette et d'aubergine avec une fourchette ou des baguettes dans la pâte à tempura, puis les faire frire.

CONSEIL MasterChef

ÉCOUTER ET REGARDER ! SI VOUS ENTENDEZ UN BRUIT DE FRITURE ET SI L'HUILE BOUILLONNE AVEC DE GROSSES BULLES, C'EST QUE L'INTÉRIEUR DES TEMPURAS N'EST PAS CUIT (IL Y A ENCORE TROP DE LIQUIDE DEDANS).

Sortir les tempuras en les égouttant sur une grille, puis les déposer sur du papier absorbant.

5

LA SALADE D'HERBES FINES

Réunir 1 c. à s. de jus de citron salé et 1 c. à s. d'eau pour la sauce.

Dans un saladier, mélanger les herbes, le citron confit haché, les graines de chanvre et 1 c. à s. d'huile de colza.

Répartir les tempuras sur les assiettes. Ajouter un peu de salade d'herbes, parsemer de piment d'Espelette et servir avec la sauce au citron.

VEGGIE-TEM

LES ATELIERS DE MasterChef

PARMENTIER DE LA FORÊT

(PURÉE DE POMMES DE TERRE, CÈPES ET SHIITAKE)

45 min PRÉPARATION + 45 min CUISSON = 1 h 30 TOUT COMPRIS

★ NIVEAU

€€€ BUDGET

INGRÉDIENTS	POUR 6 PERSONNES
POMMES DE TERRE	2 KG
CAROTTE	40 G
POIVRON JAUNE	½
CÈPES	300 G
SHIITAKE	150 G
OIGNONS	400 G
AIL	2 GOUSSES
PERSIL	¼ DE BOTTE
LAIT DE SOJA	100 ML
HUILE DE NOIX	3 C. À S. + 3 C. À S. + 1 C. À S.
SEL	1 C. À C.
POIVRE SAUVAGE DE MADAGASCAR	2 C. À C.

CHANGEMENT D'ASSOCIATIONS

UNE NOTE ITALIENNE

▶ Ajouter de la sauce tomate et de l'origan.

PARMENTIER GRATINÉ

▶ Parsemer le parmentier de gruyère râpé et le saupoudrer de chapelure.

HUILE DE NOIX

C'est une huile riche en oméga 3 et en oméga 6, et sa vitamine E permet de protéger le système nerveux. Elle est efficace pour diminuer le taux de cholestérol. Il faut la choisir de première pression à froid.

LES VERTUS DES CHAMPIGNONS

Ils sont riches en fibres, en protéines, en minéraux et en vitamine B. Émincés et séchés, ils permettent de préparer des bouillons aussi bons que lorsqu'ils sont frais.

PAS DE CÈPES ?

Les remplacer par des shiitake, des champignons de Paris ou d'autres champignons.

PAS D'EMPORTE-PIÈCE ?

Émincer les légumes en julienne.

AVEC CETTE RECETTE

JE CONNAIS MAINTENANT

- ☐ LA DUXELLES
- ☐ LE POIVRE SAUVAGE DE MADAGASCAR

JE ME NOTE ★★★ | ★★ | ★

PRIMEURS

- ¼ DE BOTTE DE PERSIL
- 40 G DE CAROTTE
- ½ POIVRON JAUNE
- 2 GOUSSES D'AIL

- 2 KG DE POMMES DE TERRE
- 300 G DE CÈPES
- 150 G DE SHIITAKE
- 400 G D'OIGNONS

ÉPICERIE

- 7 C. À S. D'HUILE DE NOIX
- 100 ML DE LAIT DE SOJA
- 1 C. À C. DE SEL
- 2 C. À C. DE POIVRE SAUVAGE DE MADAGASCAR

1

LA PRÉPARATION DES LÉGUMES

25 MINUTES

+ CUISSON 15 MIN

Laver les pommes de terre, les éplucher et les couper en petits morceaux réguliers.

Les faire cuire dans une grande quantité d'eau salée.

Émincer la carotte en lamelles de 2 mm d'épaisseur à la mandoline, puis détailler des formes de feuilles avec l'emporte-pièce.

Laver le demi-poivron, enlever les graines et détailler des feuilles dans sa pulpe.

CONSEIL MasterChef

POUR NE RIEN GÂCHER, ÉMINCER FINEMENT LES ÉPLUCHURES DES LÉGUMES AINSI QUE LES RESTES DE CAROTTE ET DE POIVRON, ET LES UTILISER POUR LA DUXELLES OU POUR FAIRE UN BOUILLON DE LÉGUMES (P. 114).

Laver rapidement les champignons et les sécher avec du papier absorbant. Gratter les pieds des cèpes pour les nettoyer.

Trancher finement 2 cèpes et 2 shiitake entiers, avec leur pied. Réserver.

Peler les oignons et l'ail, puis les hacher finement. Hacher aussi, séparément, le reste des cèpes et le persil.

2

LA PURÉE DE POMMES DE TERRE

5 MINUTES

Lorsque les pommes de terre sont cuites, les égoutter dans une passoire.

Réduire les pommes de terre encore chaudes en purée à l'aide d'un presse-purée.

En remuant sans cesse avec une spatule, incorporer le lait de soja, 3 c. à s. d'huile de noix et le sel.

3

LA DUXELLES ET LE DÉCOR

10 MINUTES

CUISSON **10 MIN**

Verser 3 c. à s. d'huile dans une poêle, y mettre l'ail haché et porter sur feu doux. Faire cuire 2 minutes.

CONSEIL MasterChef

POUR QUE L'AIL DIFFUSE SON ARÔME DANS L'HUILE, IL FAUT TOUJOURS COMMENCER À FROID ET FAIRE CHAUFFER DOUCEMENT : SI LE FEU EST TROP FORT, L'AIL BRÛLERA ET DONNERA UN DÉSAGRÉABLE GOÛT AMER À L'HUILE.

Ajouter les oignons hachés et les laisser suer environ 5 minutes sur feu moyen. Préchauffer le four à 200 °C (th. 6-7).

Ajouter alors les champignons et faire suer encore 5 minutes, sans cesser de remuer. À la fin, ajouter la moitié du persil haché.

Écraser le poivre de Madagascar dans un mortier. Saler et poivrer la duxelles, mélanger et débarrasser dans un plat à gratin.

CONSEIL MasterChef

LE POIVRE SAUVAGE DE MADAGASCAR POUSSE EN HAUT DES LIANES EN PLEINE FORÊT. EN BOUCHE, LES GRAINS SONT FRUITÉS, PAS TROP PIMENTÉS ET TRÈS AROMATIQUES. COMME POUR TOUS LES POIVRES, IL CONVIENT DE L'AJOUTER AU DERNIER MOMENT POUR SAVOURER SON GOÛT ET SON PARFUM.

Dans la poêle de la duxelles, faire sauter les éléments du décor (champignon, carotte et poivron) dans 1 c. à s. d'huile. Saler un peu.

4

LE PARMENTIER

5 MINUTES

+ CUISSON 20 MIN

Étaler régulièrement la duxelles dans le plat à gratin et la recouvrir de purée de pommes de terre.

Enfourner et laisser cuire pendant 15 à 20 minutes.

CONSEIL MasterChef

CETTE RECETTE EST LÉGÈRE ET SIMPLE. SI ON VEUT LA RENDRE UN PEU PLUS GOURMANDE, ON PEUT AJOUTER DE LA CHAPELURE ET DU BEURRE SUR LE DESSUS.

À la sortie du four, disposer joliment sur la surface du gratin les éléments du décor.

Pour finir, parsemer du reste de persil haché et de poivre de Madagascar.

LES ATELIERS DE MasterChef

PARMENTIER DE LA FORÊT

LES ATELIERS DE MasterChef

PAELLA PRINTANIÈRE

(PILAF DE LÉGUMES PRIMEURS)

50 min PRÉPARATION + 55 min CUISSON + 10 h ATTENTE = 11 h 45 TOUT COMPRIS

★★ NIVEAU

€ BUDGET

INGRÉDIENTS	POUR 6 PERSONNES
RIZ ROND COMPLET	450 G
CAROTTES PRIMEURS	1 BOTTE
OIGNONS NOUVEAUX	1 BOTTE
CHAMPIGNONS DE PARIS	120 G
TOMATE SÉCHÉE	20 G
AIL	2 GOUSSES
HUILE D'OLIVE	1 C. À S. + 1 C. À S. + 1 C. À S. + 2 C. À S.
MILLET	3 C. À S.
CURCUMA	1 C. À C.
LAURIER	2 FEUILLES
GRAINES DE FENOUIL	1 C. À S.
BOUILLON DE LÉGUMES MAISON (P. 114) (ou eau + 1 cube de bouillon de légumes bio)	700 ML + 3 C. À S.
CHOUX DE BRUXELLES	300 G
MANGE-TOUT	150 G
POIVRON JAUNE	1
ORANGE NON TRAITÉE	1
PERSIL	¼ DE BOTTE
SEL	1 C. À C.
POIVRE	

PLUS RAPIDE

Utiliser du riz rond blanc. Il n'a pas besoin de tremper longtemps dans l'eau.

PAS DE RIZ ROND COMPLET ?

Le remplacer par du riz basmati ou du riz long.

CHANGEMENT D'ASSOCIATIONS

PLUS ESTIVAL

▶ Remplacer la carotte et les choux de Bruxelles par de la courgette et de l'aubergine.

AVEC DES PÂTES

▶ Remplacer le riz complet par des penne.

AVEC CETTE RECETTE

JE MAÎTRISE MAINTENANT

☐ LA CUISSON DE LA PAELLA AVEC LE RIZ ROND COMPLET

JE ME NOTE ★★★ ★★ ★

PRIMEURS

ÉPICERIE / PRÉPARATION MAISON

1

LE RIZ

5 MINUTES

+ ATTENTE 10 H

La veille de la dégustation, laver le riz délicatement, en changeant l'eau deux ou trois fois. L'égoutter.

Mettre le riz dans un saladier, ajouter un grand volume d'eau et laisser tremper toute la nuit.

CONSEIL MasterChef

FAIRE TREMPER LE RIZ COMPLET DANS DE L'EAU PERMET DE DIMINUER LE TEMPS DE CUISSON. ON PEUT AUSSI FAIRE CUIRE LE RIZ DIRECTEMENT, MAIS LA DURÉE DE CUISSON EST ALORS PLUS LONGUE ET IL FAUT AJUSTER LA QUANTITÉ D'EAU.

2

LA PRÉPARATION DES LÉGUMES

15 MINUTES

Laver les carottes et les brosser ou les éplucher. Couper en deux dans la longueur le tiers d'entre elles et tailler les autres en tronçons biseautés.

Éplucher les oignons. Ciseler les deux tiers d'entre eux et découper en deux ceux du dernier tiers.

Nettoyer les champignons de Paris et les couper en tranches.

Hacher les pétales de tomate séchée. Peler et hacher les gousses d'ail.

3

LA CUISSON DE LA PAELLA

30 MINUTES

+ CUISSON 50 MIN + ATTENTE 15 MIN

Verser 1 c. à s. d'huile d'olive dans une cocotte, ajouter l'ail et faire cuire sur feu doux.

Ajouter l'oignon et faire sauter quelques minutes sur feu moyen.

Ajouter les champignons, les morceaux de carotte biseautés et 1 c. à s. d'huile. Faire cuire en remuant.

Rincer le millet et l'égoutter avec le riz. Les mettre dans la poêle avec 1 c. à s. d'huile.

Ajouter la tomate séchée, le curcuma et les graines de fenouil. Faire suer 2 minutes.

Verser le bouillon de légumes, ajouter le laurier et saler, puis poser les demi-carottes et les demi-oignons sur le riz.

Porter à ébullition et laisser bouillir 2 ou 3 minutes. Baisser le feu, couvrir et laisser frémir environ 30 minutes.

Vérifier la cuisson. Retirer du feu et laisser reposer 15 minutes, cocotte couverte, pour que le riz finisse de cuire dans sa vapeur.

Pendant la cuisson du riz, enlever les pieds des choux de Bruxelles ; garder les petites feuilles qui se détachent.

Couper les choux en deux et réserver.

Laver et équeuter les mange-tout.

Laver le poivron, enlever les graines et couper la pulpe en lamelles.

Laver l'orange, la peler et éliminer la partie blanche du zeste (le ziste). Émincer finement les rubans de zeste et réserver.

Rincer le persil, le sécher dans du papier absorbant et émincer finement les feuilles.

Faire chauffer 2 c. à s. d'huile dans une casserole. Ajouter le poivron et 3 c. à s. d'eau, couvrir et faire étuver 2 minutes à feu vif.

Ajouter les choux de Bruxelles et les mange-tout. Couvrir et laisser cuire 2 minutes. À la fin, saler et poivrer.

Disposer les légumes sur le riz. Parsemer de persil ciselé et de zestes d'orange. Servir aussitôt.

PAELLA PRINTANIÈRE

LES ATELIERS DE MasterChef

SPICEY-UDON

(UDON ET LÉGUMES SAUTÉS AU MISO ROUGE)

40 min PRÉPARATION + 20 min CUISSON = 1 h TOUT COMPRIS

★ NIVEAU

€ BUDGET

INGRÉDIENTS	POUR 6 PERSONNES
UDON	600 G
AUBERGINES	2
POIVRON ROUGE	1
COURGETTES	250 G
OIGNONS NOUVEAUX (OU ÉCHALOTES)	60 G + 60 G
GINGEMBRE	40 G
SHIITAKE SÉCHÉS (à réhydrater, voir encadré « 2 h avant » ci-dessous)	6
EAU	200 ML
CORIANDRE	¼ DE BOTTE
CACAHUÈTES	80 G
CITRON VERT	1
MISO ROUGE	5 À 6 C. À S.
PAPRIKA	2 C. À S.
SIROP D'ÉRABLE	2 C. À S.
JUS DE POMME	120 ML
GOCHUJANG, ou piment d'Espelette, ou harissa	1 PINCÉE
HUILE DE POIREAU (P. 209) OU DE SÉSAME	2 C. À S. + 2 C. À S.

2

2 H AVANT

faire tremper les shiitake séchés dans 200 ml d'eau.

GOCHUJANG

Cette pâte de piment est une sauce épicée traditionnelle coréenne. Pour la cuisine coréenne, elle est indispensable !

UDON

Les udon sont de grosses nouilles blanches faites à partir de blé. Elles se servent froides ou chaudes, avec une soupe.

CHANGEMENT D'ASSOCIATIONS

ESTIVAL

▶ Pour une salade de nouilles udon froides, rafraîchir les légumes sautés et rincer les nouilles avec de l'eau glacée.

SOUS FORME DE *DON* !

▶ Servir les légumes sautés au miso rouge dans des bols, sur du riz ou des céréales (page 84).

AVEC CETTE RECETTE

JE CONNAIS MAINTENANT

- ☐ LES UDON
- ☐ LES SHIITAKE SÉCHÉS

JE ME NOTE ★★★ ★★ ★

PRIMEURS

ÉPICERIE

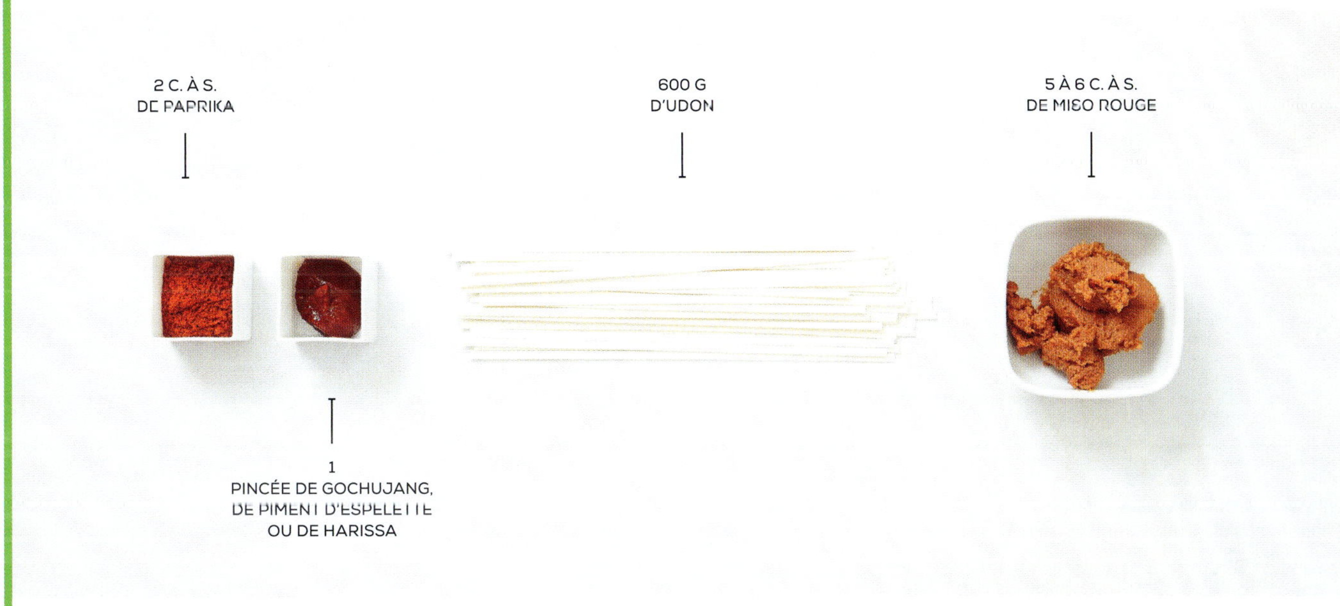

1

LA PRÉPARATION

25 MINUTES

+ CUISSON 3 MIN

Laver les aubergines, les couper en rondelles épaisses de 7 mm et recouper chacune d'elles en quatre. Les tremper 10 minutes dans l'eau.

Égoutter les quartiers d'aubergine. Laver les courgettes et les couper en demi-rondelles.

Laver le poivron, le parer et le couper en lamelles.

Éplucher et hacher le gingembre.

Trancher finement les oignons nouveaux dans la longueur à l'aide d'une mandoline ou d'un couteau fin.

Égoutter les shiitake, en gardant l'eau de trempage pour le bouillon. Les parer (enlever les pieds et les éventuelles parties abîmées) et les émincer.

Laver la coriandre, l'égoutter et la ciseler. La réserver pour la décoration.

Couper le citron vert en 8 quartiers.

Mettre le miso dans un bol et incorporer petit à petit l'eau de trempage des shiitake en mélangeant à l'aide d'un fouet.

Ajouter le sirop d'érable, le paprika, le jus de pomme et le gochujang.

CONSEIL MasterChef

VOUS POUVEZ REMPLACER LE GOCHUJANG PAR DE LA HARISSA, DU PIMENT D'ESPELETTE OU TOUTE AUTRE PÂTE DE PIMENT ; C'EST SELON VOTRE GOÛT.

Faire torréfier les cacahuètes dans une poêle portée sur feu vif. Retirer du feu et laisser refroidir.

2

LES LÉGUMES

7 MINUTES

+ CUISSON 10 MIN

Faire fondre le gingembre avec 2 c. à s. d'huile de poireau sur feu doux. Récupérer le gingembre avec une écumoire ; laisser l'huile dans la poêle.

CONSEIL MasterChef

ENLEVER LE GINGEMBRE DÈS QU'IL A DONNÉ SES ARÔMES À L'HUILE. SI ON LE FAIT SAUTER AVEC L'AUBERGINE À FEU VIF, IL ROUSSIRA.

Dans la même poêle, faire sauter l'aubergine pendant 3 minutes sur feu vif.

Ajouter le poivron, la moitié des oignons nouveaux et les shiitake. Laisser cuire jusqu'à ce que l'aubergine soit fondante.

Ajouter le gingembre sauté, le bouillon au miso et les courgettes. Faire cuire quelques minutes à feu moyen, puis garder au chaud.

CONSEIL MasterChef

RETIRER LA SOUPE DE LÉGUMES DU FEU AVANT QUE LE LIQUIDE NE SE SOIT COMPLÈTEMENT ÉVAPORÉ, AFIN DE POUVOIR BIEN LA MÉLANGER AUX NOUILLES.

Mettre les cacahuètes dans un sac plastique et les écraser à l'aide d'un rouleau. Les réserver.

3

LES UDON

8 MINUTES

+ CUISSON **7 MIN**

Faire cuire les udon dans une grande quantité d'eau bouillante, selon les indications portées sur le paquet.

Parallèlement, faire réchauffer les légumes sautés.

Égoutter les udon dans une passoire. Verser 2 c. à s. d'huile et remuer rapidement ; ainsi, les nouilles ne colleront pas.

Répartir les udon dans les assiettes et les garnir des légumes sautés.

Ajouter la coriandre, le reste d'oignons nouveaux, les quartiers de citron et les cacahuètes. Pour finir, arroser de quelques gouttes d'huile de poireau.

LES ATELIERS DE MasterChef

SPICEY-UDON

LES ATELIERS DE MasterChef

BOUILLONS VEGGIE

BOUILLON DE LÉGUMES	BOUILLON AU KOMBU	BOUILLON AUX SHIITAKE	BOUILLON AU KOMBU ET AUX SHIITAKE	NIVEAU	BUDGET
1 H 55 TOUT COMPRIS	1 H 26 TOUT COMPRIS	1 H 11 TOUT COMPRIS	1 H 16 TOUT COMPRIS	★	€

INGRÉDIENTS POUR 1,5 L DE BOUILLON DE LÉGUMES	
AIL	3 GOUSSES
GINGEMBRE	30 G
OIGNONS	2
CAROTTES	3
CÉLERI	2 BRANCHES
POIREAU	1
FENOUIL	1
CHAMPIGNONS DE PARIS OU CHAMPIGNONS SÉCHÉS	100 G
LAURIER	3 FEUILLES
THYM	3 BRINDILLES
POIVRE NOIR	6 GRAINS
SEL	1 C. À C.
HUILE D'OLIVE	2 C. À S.
EAU	2 L
INGRÉDIENTS POUR 450 ML DE BOUILLON AU KOMBU	
EAU	500 ML
KOMBU	5 × 15 CM
INGRÉDIENTS POUR 450 ML DE BOUILLON AUX SHIITAKE	
EAU	500 ML
SHIITAKE SÉCHÉS	3
INGRÉDIENTS POUR 480 ML DE BOUILLON AU KOMBU ET AUX SHIITAKE	
EAU	500 ML
KOMBU	5 × 15 CM
SHIITAKE SÉCHÉS	2

APRÈS LE BOUILLON Le kombu et les shiitake ayant servi à faire un bouillon peuvent être émincés et mis à mijoter pour être, par exemple, ajoutés à une soupe.

UTILISATIONS

- Soupe détox (page 6)
- Minestrone nippon (page 32)
- Nage de kuzu (page 50)
- Paella printanière (page 102)
- Dengaku (page 160)
- Doria du potager (page 172).

AVEC CETTE RECETTE

JE CONNAIS MAINTENANT

- ☐ LA CUISSON DU BOUILLON DE LÉGUMES
- ☐ LES SHIITAKE FRAIS ET SÉCHÉS
- ☐ LES DEUX MÉTHODES DE PRÉPARATION DU BOUILLON AU KOMBU ET DU BOUILLON AUX SHIITAKE : PAR TREMPAGE ET PAR CUISSON

JE ME NOTE | ★★★ | ★★ | ★ |

PRIMEURS

ÉPICERIE

BOUILLON DE LÉGUMES

15 MINUTES

+ CUISSON 1 H 40

Éplucher et émincer l'ail et le gingembre. Peler les oignons et les couper en morceaux réguliers.

Laver, éplucher et couper en morceaux les carottes, le céleri, le fenouil et le poireau. Nettoyer les champignons et les couper en deux.

Mettre l'ail et le gingembre dans une cocotte, ajouter l'huile d'olive et les faire fondre sur feu doux.

Ajouter les légumes et les faire suer à feu moyen pendant environ 5 minutes, puis ajouter l'eau.

Porter à ébullition et écumer. Ajouter le laurier, le thym, le poivre et le sel.

Laisser cuire pendant 1 h 30 à découvert et à très faible ébullition, en écumant aussi souvent que nécessaire.

Filtrer le bouillon à l'aide d'une grande passoire fine.

CONSEIL MasterChef

ON PEUT MIXER LES LÉGUMES ET LES AJOUTER DANS UN CURRY OU UN RAGOÛT.

BOUILLON AU KOMBU

PAR TREMPAGE

1 MINUTE

+ ATTENTE 12 H

Faire tremper le kombu dans l'eau pendant environ 12 heures.

CONSEIL MasterChef

EN HIVER, VOUS POUVEZ CONSERVER LE BOUILLON À TEMPÉRATURE AMBIANTE.
EN ÉTÉ, GARDEZ-LE AU FRAIS.

BOUILLON AU KOMBU

PAR CUISSON

1 MINUTE

+ CUISSON 15 MIN   + ATTENTE 1 H 10

Mettre le kombu dans une casserole. Ajouter l'eau et laisser tremper 1 heure au minimum.

CONSEIL MasterChef

SI VOUS AVEZ LE TEMPS, FAITES TREMPER LE KOMBU TOUTE UNE NUIT, CELA LUI PERMETTRA DE DÉVELOPPER TOUTE SA SAVEUR.

Faire cuire à feu doux pendant 10 à 15 minutes, sans couvrir. Retirer du feu et laisser reposer 10 minutes avant de sortir le kombu.

BOUILLON AUX SHIITAKE

PAR TREMPAGE

1 MINUTE

+ ATTENTE 1 NUIT

Faire tremper les shiitake pendant 1 nuit, puis filtrer. Ce bouillon se conserve 2 jours au frais et 1 mois au congélateur.

BOUILLON AUX SHIITAKE

PAR CUISSON

1 MINUTE

+ CUISSON 10 MIN + ATTENTE 1 H

Mettre les shiitake dans une casserole, ajouter l'eau et réserver pendant au moins 1 heure.

Quand les shiitake deviennent mous, les mettre à cuire sur feu moyen. Couvrir et laisser mijoter environ 10 minutes, puis filtrer.

CONSEIL MasterChef

APRÈS AVOIR FILTRÉ LE BOUILLON, ENLEVER LE PIED DES SHIITAKE, ÉMINCER CES DERNIERS ET LES FAIRE SAUTER AVEC DES LÉGUMES POUR UNE SOUPE, UN RAGOÛT...

BOUILLON AU KOMBU ET AUX SHIITAKE

PAR TREMPAGE

1 MINUTE

+ ATTENTE 1 NUIT

Réunir le kombu, les shiitake et l'eau dans un bol. Laisser tremper pendant 1 nuit, puis filtrer.

BOUILLON AU KOMBU ET AUX SHIITAKE

PAR CUISSON

1 MINUTE

+ CUISSON 15 MIN + ATTENTE 1 H

Mettre le kombu, les shiitake et l'eau dans une casserole. Laisser tremper pendant au moins 1 heure, jusqu'à ce que les shiitake soient mous.

Porter sur feu moyen. Juste avant l'ébullition, sortir le kombu et prolonger la cuisson de 10 minutes. Enlever alors les shiitake et filtrer.

LES ATELIERS DE MasterChef

BOUILLONS VEGGIE

LES ATELIERS DE MasterChef

RICE-BURGER

(BUNS DE RIZ ET TERIYAKI DE TOFU)

PRÉPARATION	CUISSON	ATTENTE	TOUT COMPRIS	NIVEAU	BUDGET
1 h 15	+ 55 min	+ 1 h 50	= 4 h	★★	€

INGRÉDIENTS	POUR 6 PERSONNES
RIZ ROND BLANC	450 G
EAU	600 ML
CHIA	1 C. À S. + 1 C. À S.
TOFU FERME	400 G
OIGNONS	200 G
HUILE D'OLIVE	1 C. À S. + 1 C. À S.
OIGNON ROUGE	1
TOMATES JAUNES	2
ROQUETTE	60 G
AVOCAT	1
CHAPELURE	80 G
AONORI (P. 90)	1 C. À S.
CÂPRES	6
SEL/POIVRE	
POUR LA SAUCE TERIYAKI	
VINAIGRE BALSAMIQUE	1 C. À S.
SAUCE SOJA	2 C. À S.
JUS DE POMME	5 C. À S.
SIROP D'ÉRABLE	1 C. À S.

USTENSILE INDISPENSABLE : CERCLE DE 9 CM DE DIAMÈTRE

1 1 H AVANT

Égoutter le tofu dans une passoire.

QU'EST-CE QUE LE CHIA ? Le chia (*Salva hispanica*) est une plante d'Amérique latine dont les graines, riches en oméga 3 et en fibres, peuvent se substituer à l'œuf.

PAS DE TOFU ?
Le remplacer par du boulgour ou par des haricots blancs cuits et écrasés.

PAS DE CHIA ?
Le remplacer par des graines de lin moulues ou par de la fécule de maïs, voire par un œuf.

CHANGEMENT D'ASSOCIATIONS

PLUS AMÉRICAIN
▶ Remplacer la sauce *teriyaki* par du ketchup.

PLUS LÉGER
▶ Remplacer le bun de riz par un bun normal.

AVEC CETTE RECETTE

JE CONNAIS MAINTENANT

- ☐ LE TOFU-BURGER
- ☐ LA SAUCE TERIYAKI
- ☐ LE CHIA (QUI SE SUBSTITUE À L'ŒUF)

JE ME NOTE ★★★ | ★★ | ★

PRIMEURS

ÉPICERIE

1

LES GALETTES DE RIZ

+ CUISSON 15 MIN | + ATTENTE 1 H 50

Laver le riz à l'eau en agitant avec la main, puis jeter l'eau. Répéter jusqu'à ce que l'eau reste claire.

Égoutter le riz, le mettre dans une cocotte et verser 600 ml d'eau. Ajouter 1 c. à s. de chia et réserver 1 heure.

CONSEIL MasterChef

IL NE FAUT PAS LAVER LE CHIA. MIS À TREMPER DANS L'EAU, IL DEVIENT GLUANT ET PERMET DE LIER LE RIZ POUR CONFECTIONNER LES BUNS DE RIZ.

Couvrir la cocotte et porter sur feu vif. Laisser bouillir 2 à 3 minutes, baisser le feu et laisser frémir 10 à 12 minutes.

Retirer du feu et laisser reposer 15 minutes avec le couvercle pour que le riz finisse de cuire dans sa vapeur.

CONSEIL MasterChef

AVANT DE METTRE HORS DU FEU, IL FAUT VÉRIFIER LA CUISSON, CAR LE RÉSULTAT DÉPEND DE LA COCOTTE ET DE LA PUISSANCE DU FEU.

Mélanger le riz avec une spatule humide.

Tapisser une planche de film plastique et y poser un cercle humidifié.

Remplir le cercle de riz et tasser avec une cuillère mouillée. Préparer 12 galettes identiques.

Laisser refroidir les galettes. Les filmer séparément et les mettre au frais pendant environ 30 minutes.

CONSEIL MasterChef

LE RIZ ENCORE CHAUD EST PLUS FACILE À MOULER. ON PEUT UTILISER DU RIZ COMPLET. ON PEUT AUSSI MÉLANGER LE RIZ AVEC DU PERSIL ET DE L'AIL HACHÉ, C'EST DÉLICIEUX !

2

LA SAUCE TERIYAKI

5 MINUTES

+ CUISSON 5 MIN

Verser le vinaigre balsamique, la sauce de soja, le jus de pomme et le sirop d'érable dans une casserole.

Porter à ébullition, puis réduire un peu le feu et laisser cuire pendant environ 5 minutes, jusqu'à ce que la sauce soit sirupeuse.

3

LES GALETTES DE TOFU

25 MINUTES

+ CUISSON 20 MIN

Mélanger le tofu et 1 c. à s. de chia dans un bol. Laisser reposer afin que le chia absorbe l'eau du tofu.

CONSEIL MasterChef

LE CHIA DOIT ÊTRE MOUILLER AVEC L'EAU DU TOFU JUSQU'À CE QU'IL DEVIENNE GLUANT. AINSI, IL POURRA LIER LA PÂTE DE TOFU COMME LE FERAIT UN ŒUF.

Peler les oignons et les ciseler finement. Les faire sauter avec 1 c. à s. d'huile d'olive jusqu'à ce qu'ils soient blonds.

Peler l'oignon rouge et le trancher finement. Couper la tomate en rondelles. Laver la roquette. Peler et trancher l'avocat.

Dans le bol du tofu, ajouter l'oignon sauté et la chapelure. Saler et poivrer.

Faire chauffer 1 c. à s. d'huile. Former des boules de pâte de tofu avec les mains humides, les aplatir et les faire cuire.

Quand elles sont cuites et bien dorées, les badigeonner de sauce *teriyaki* des deux côtés.

4
LE MONTAGE

20 MINUTES

+ CUISSON 15 MIN

Faire griller les galettes de riz à feu vif dans une autre poêle, sur les deux côtés.

Disposer 6 galettes de riz sur le plan de travail et ajouter sur chacune d'elles de la roquette et quelques anneaux d'oignon.

Ajouter les galettes de tofu, de l'avocat et de la tomate. Parsemer d'aonori et recouvrir d'une seconde galette. Décorer d'aonori et d'une câpre.

LES ATELIERS DE MasterChef

RICE-BURGER

LES ATELIERS DE MasterChef

CONCHIGLIONI VITALITÉ

(PÂTES FARCIES À LA RATATOUILLE VERTE ET AU PISTOU)

35 min PRÉPARATION + 25 min CUISSON = 1 h TOUT COMPRIS

★ NIVEAU

€ BUDGET

INGRÉDIENTS	POUR 6 PERSONNES
COURGETTES VERTES	2
COURGETTES JAUNES	2
OIGNONS	2
AUBERGINE	1
POIVRON VERT	1
POIVRON JAUNE	1
THYM	1 C. À C.
AIL	1 GOUSSE + 1 GOUSSE
HUILE D'OLIVE	3 C. À S. + 200 ML
GRAINES DE TOURNESOL	40 G
ROQUETTE	30 G
BASILIC	30 G + 10 PETITES FEUILLES (POUR LA DÉCO)
CÂPRES	30 G
CONCHIGLIONI	36
SEL	½ C. À C. + 1 C. À C.

VARIATIONS AUTOUR DU PISTOU

On peut le faire avec les feuilles de shiso, de la coriandre et du romarin. On peut aussi remplacer l'huile d'olive par de l'huile de sésame, cela sera très bon ! Enfin, on peut ajouter des graines de tournesol, comme pour le *pesto alla genovese*.

UTILISATIONS

La garniture peut être étalée sur une pâte à pizza, accompagner des nouilles, être servie en salade tiède, et même napper du pain grillé.

CHANGEMENT D'ASSOCIATIONS

COMME UN RAGOÛT

▶ Ajouter des tomates et des protéines de soja dans la ratatouille.

POUR GRATINER

▶ Ajouter de la béchamel à la crème de soja et faire griller.

AVEC CETTE RECETTE

JE CONNAIS MAINTENANT

- ☐ LE PISTOU
- ☐ LA RATATOUILLE VERTE

JE ME NOTE ★★★ ★★ ★

PRIMEURS

ÉPICERIE

1

LE PISTOU

5 MINUTES

Mixer tous les ingrédients pour le pistou : 200 ml d'huile d'olive, l'ail, la roquette, 30 g de basilic et les câpres. Réserver.

2

LA RATATOUILLE VERTE

30 MINUTES

+ CUISSON 25 MIN | + ATTENTE 10 MIN

Éplucher et couper en dés les courgettes, les poivrons et les oignons. Couper l'aubergine en dés, la faire tremper 10 minutes et l'égoutter.

Peler 1 gousse d'ail, la hacher et la mettre dans une poêle avec 3 c. à s. d'huile d'olive. Faire chauffer à feu doux.

Ajouter les légumes et le thym. Faire sauter sur feu moyen, puis couvrir et laisser mijoter 10 minutes. Vérifier l'assaisonnement.

Faire cuire les conchiglioni environ 15 minutes dans une grande quantité d'eau bouillante salée. Les égoutter.

Garnir les conchiglionis de ratatouille verte.

Les disposer dans une grande assiette et les parsemer de graines de tournesol, de pistou et de feuilles de basilic.

LES ATELIERS DE MasterChef

CONCHIGLIONI VITALITÉ

LES ATELIERS DE MasterChef

PAVÉS D'ÉTÉ

(TARTE AUX POIVRONS ET SALADE VERTE)

50 min PRÉPARATION + 1 h 5 CUISSON + 2 h 15 ATTENTE = 4 h 10 TOUT COMPRIS

★★ NIVEAU

€ BUDGET

INGRÉDIENTS	POUR 6 PERSONNES
FARINE (TYPE 55)	250 G + 30 G (POUR ABAISSER)
ŒUF	1
HUILE D'OLIVE	3 C. À S. + 2 C. À S. + 1 C. À S. + 1 C. À S.
SEL	5 G + 5 G
EAU	60 ML (FROIDE) + 100 ML (TIÈDE) + 2 C. À S. (TIÈDE)
GRAINES DE CUMIN	1 C. À S.
OIGNONS	500 G
PURÉE DE NOIX DE CAJOU	1 C. À S.
NOIX DE MUSCADE	1 PINCÉE
POIVRE	1 PINCÉE
POIVRONS (ROUGE, VERT, JAUNE ET ORANGE)	4 (UN DE CHAQUE COULEUR)
CUBE DE BOUILLON DE LÉGUMES BIO	½
THYM	2 BRINS
ROQUETTE	100 G
TOMATES CERISES	200 G

USTENSILE INDISPENSABLE : MOULE RECTANGULAIRE

CHANGEMENT D'ASSOCIATIONS

AUTRES PARFUMS

▶ Remplacer le cumin de la pâte par de l'origan, du basilic ou d'autres herbes.

EN DEUX COULEURS

▶ Remplacer les poivrons par des courgettes vertes et jaunes

BEURRE VÉGÉTAL

On peut remplacer l'huile d'olive par un beurre végétal.

PROFITER DES PURÉES

On trouve facilement des purées dans les magasins bio : purée de noix, de sésame, de noix de cajou, de noisettes, d'amandes, de cacahuètes... Elles contiennent beaucoup de protéines, de calcium et de fer.

PAS DE CUMIN ?

Le remplacer par du piment d'Espelette, des graines de pavot, de sésame...

PLUS DE FRAÎCHEUR

Ajouter le zeste râpé d'une orange ou d'un citron dans la pâte.

AVEC CETTE RECETTE

JE SAIS MAINTENANT

- ☐ FAIRE UNE PÂTE SANS BEURRE, AVEC DES HERBES
- ☐ FONCER UNE PÂTE
- ☐ CUIRE UNE PÂTE À BLANC

JE ME NOTE ★★★ ★★ ★

PRIMEURS

ÉPICERIE

1

PRÉPARATION LA PÂTE

10 MINUTES

+ ATTENTE 2 H

Réunir dans un bol 250 g de farine tamisée, 1 œuf, 3 c. à s. d'huile, 5 g de sel, 60 ml d'eau froide et 1 c. à s. de graines de cumin.

Amalgamer les éléments et façonner la pâte en forme un rectangle. Filmer et laisser reposer 2 heures au réfrigérateur.

2

LES OIGNONS CONFITS

10 MINUTES

+ CUISSON 20 MIN

Peler les oignons et les émincer finement. Les faire cuire avec 2 c. à s. d'huile d'olive pendant environ 5 minutes.

Couper un disque de papier sulfurisé à la taille de la poêle. Ajouter 100 ml d'eau dans la poêle et poser le papier sur les oignons.

Laisser cuire 10 minutes à feu doux, puis enlever le disque de papier et faire évaporer sur feu vif.

Ajouter la purée de noix de cajou et quelques râpures de noix de muscade. Saler, poivrer et mélanger.

CONSEIL MasterChef

CE CONFIT D'OIGNONS PEUT S'UTILISER SUR DES TARTINES OU ÊTRE AJOUTÉ DANS UNE SOUPE.

3

FONÇAGE DE LA PÂTE ET CUISSON À BLANC

+ CUISSON 35 MIN + ATTENTE 15 MIN

Huiler le moule à tarte à l'aide d'un pinceau.

Étaler la pâte au rouleau le plus finement possible sur le plan de travail fariné ; l'abaisser en rectangle.

Enrouler l'abaisse de pâte autour du rouleau, puis la dérouler au-dessus du moule.

Appliquer soigneusement la pâte contre les parois du moule.

Découper l'excédent de pâte à l'aide du rouleau à pâtisserie, en le passant plusieurs fois sur le moule.

Piquer le fond de pâte avec une fourchette.

Filmer et laisser reposer au réfrigérateur pendant 15 minutes. Préchauffer le four à 180 °C (th. 6).

Tapisser le fond de tarte de papier sulfurisé.

Remplir de légumes secs, qui vont éviter à la pâte de gonfler pendant la cuisson.

Enfourner et laisser cuire pendant environ 20 minutes.

Sans éteindre le four, sortir le fond de tarte, enlever les légumes secs et réenfourner pour 15 minutes, de façon à colorer la pâte.

4

LA GARNITURE

20 MINUTES

+ CUISSON 10 MIN

Laver les poivrons, enlever les graines et tailler la pulpe en rectangles réguliers d'environ 3,5 × 2,5 cm.

Les faire sauter dans une poêle avec 1 c. à s. d'huile d'olive.

Ajouter 2 c. à s. d'eau, ½ cube de bouillon de légumes et le thym. Couvrir et laisser cuire pendant environ 5 minutes.

Quand le fond de tarte est cuit, y étaler les oignons confits et disposer dessus les poivrons sautés, en alternant les couleurs.

Parsemer de feuilles de thym et accompagner de roquette et de tomates cerises.

PAVÉS D'ÉTÉ

LES ATELIERS DE MasterChef

POWER CROQUETTES

(CROQUETTES DE QUINOA ROUGE, CEVICHE DE CHOU-FLEUR)

1 h 15 PRÉPARATION + 45 min CUISSON + 30 min ATTENTE = 2 h 30 TOUT COMPRIS

★★ NIVEAU

€ BUDGET

INGRÉDIENTS	POUR 6 PERSONNES
POMMES DE TERRE (BINTJE)	950 G
CAROTTES	350 G
OIGNONS	350 G
QUINOA ROUGE	80 G
OLIVES VERTES DÉNOYAUTÉES	40 G
SEL	1 C. À C.
POIVRE	1 PINCÉE
FARINE	30 G
HUILE D'OLIVE	1 C. À S.
HUILE DE COLZA (FRITURE)	1 L
PANKO (chapelure japonaise) ou chapelure normale	40 G
SHISO VERT	18 FEUILLES
EAU TRÈS FROIDE	
POUR LE KETCHUP	
POIVRON ROUGE	1
VINAIGRE DE CIDRE	2 C. À S.
SIROP D'ÉRABLE OU D'AGAVE	1 C. À S.
EAU	100 ML
SEL	¼ DE C. À C.
POUR LE CEVICHE	
CITRONS BIO (NON TRAITÉS)	2
CHOU-FLEUR	½
HUILE D'OLIVE	1 C. À S.
AIL	½ GOUSSE
EAU	3 C. À S. + 2 C. À S.
SEL	1 PINCÉE

LES VERTUS DU QUINOA Le quinoa est riche en protéines et en minéraux : fer (contre la fatigue), magnésium (antistress et antidépression). C'est aussi une excellente source de fibres.

CHANGEMENT D'ASSOCIATIONS

POUR L'AUTOMNE

▶ Remplacer les pommes de terre par un kabocha (courge japonaise).

POUR DES SANDWICHS OU DES BURGERS

▶ Aplatir un peu les croquettes et en garnir le pain. Ajouter du chou émincé et du ketchup ou de sauce Worcestershire.

AVEC CETTE RECETTE

JE CONNAIS MAINTENANT

- ☐ LE PANKO (CHAPELURE JAPONAISE)
- ☐ LE KETCHUP DE POIVRONS
- ☐ LE SHISO

JE ME NOTE ★★★ | ★★ | ★

PRIMEURS

1 POIVRON ROUGE

½ CHOU-FLEUR

350 G D'OIGNONS

2 CITRONS

SHISO VERT

350 G DE CAROTTES

½ GOUSSE D'AIL

950 G DE POMMES DE TERRE (BINTJE)

ÉPICERIE

40 G D'OLIVES VERTES DÉNOYAUTÉES

30 G DE FARINE

40 G DE PANKO (CHAPELURE JAPONAISE) OU DE CHAPELURE NORMALE

POIVRE

SEL

80 G DE QUINOA ROUGE

1 L D'HUILE DE COLZA (FRITURE)

2 C. À S. DE VINAIGRE DE CIDRE

EAU

2 C. À S. D'HUILE D'OLIVE

1 C. À S. DE SIROP D'ÉRABLE

1

PRÉPARATION DES CROQUETTES

45 MINUTES

+ CUISSON 20 MIN + ATTENTE 30 MIN

Éplucher les pommes de terre et les couper en morceaux dans une cocotte. Les couvrir largement d'eau froide, saler et faire cuire 20 minutes.

En même temps, bien rincer le quinoa et le faire cuire 15 minutes dans une autre casserole. Le rincer, puis l'essorer avec un torchon.

Éplucher et hacher les oignons, les carottes et les olives vertes (ou les râper avec une râpe à gros trous).

Faire revenir l'oignon et la carotte dans une poêle avec 1 c. à s. l'huile d'olive.

Égoutter les pommes de terre, puis les remettre dans la cocotte pour les assécher et les écraser au presse-purée.

CONSEIL MasterChef

REMETTRE LES POMMES DE TERRE DANS LA COCOTTE ENCORE CHAUDE POUR PROFITER DE SA CHALEUR RÉSIDUELLE PERMET DE FAIRE ÉVAPORER LE SURPLUS DE LIQUIDE. AINSI, LES CROQUETTES SERONT PLUS FACILES À CONFECTIONNER.

Ajouter l'oignon et la carotte, les olives vertes et le quinoa. Mélanger, ajouter 1 c. à c. de sel et poivrer.

Étaler la préparation dans un grand plat pour la laisser refroidir.

Diviser l'appareil en 18 parts et former les croquettes à l'aide d'un cercle de 6 cm de diamètre. On peut aussi les faire à la main.

Poser les croquettes sur une plaque et les filmer, puis les laisser reposer au frais 30 minutes pour les raffermir.

2

LE CEVICHE DE CHOU-FLEUR

15 MINUTES

+ CUISSON 1 MIN

Laver le chou-fleur, le séparer en bouquets et l'émincer à la mandoline.

Faire étuver l'émincé de chou-fleur avec 3 c. à s. d'eau très rapidement (1 minute) dans une casserole à couvert. Égoutter.

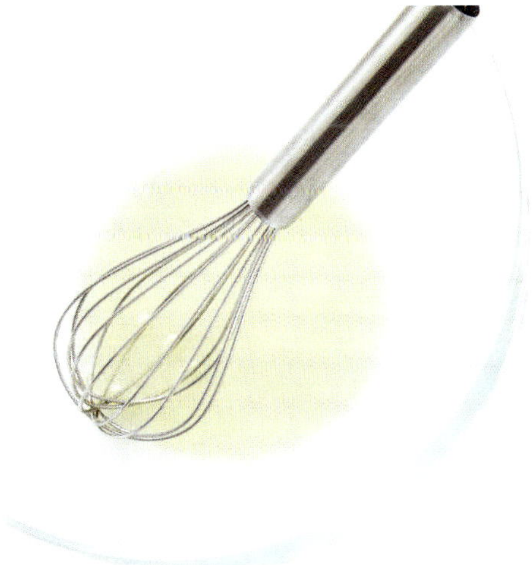

Presser 1 citron. Mélanger le jus obtenu avec 2 c. à s. d'eau, l'ail râpé, l'huile d'olive, le sel et du poivre.

Couper l'autre citron en demi-rondelles. Les répartir sur le chou-fleur et arroser le tout de la vinaigrette.

3

LE KETCHUP DE POIVRONS

5 MINUTES

+ CUISSON 10 MIN

Laver le poivron, le couper en petits morceaux et le faire cuire avec le vinaigre, le sirop d'érable, 100 ml d'eau, le sel et du poivre.

Au bout de 10 minutes, quand le poivron est cuit, le mixer. Vérifier l'assaisonnement et réserver.

4

LA FRITURE

10 MINUTES

+ CUISSON 15 MIN

Faire chauffer l'huile de colza dans une casserole à 180 °C.

Préparer les trois éléments de la pâte à frire dans des assiettes creuses : la farine, de l'eau froide et la chapelure.

CONSEIL MasterChef

NORMALEMENT, ON UTILISE UN ŒUF POUR PANER. ON PEUT LE REMPLACER PAR 1 C. À S. DE GRAINES DE LIN BROYÉES ET MACÉRÉES 10 MINUTES DANS 4 C. À S. D'EAU (CELA SERA AUSSI ONCTUEUX QU'AVEC DE L'ŒUF) OU SEULEMENT DE L'EAU, COMME POUR CETTE RECETTE.

Passer d'abord les croquettes dans la farine, puis dans l'eau (très rapidement) et enfin dans la chapelure.

Faire frire les croquettes par petites quantités, jusqu'à ce qu'elles soient dorées. Les égoutter sur une grille tapissée de papier absorbant.

Répartir les feuilles de shiso vert dans les assiettes, puis poser une croquette sur chacune d'elles.

Ajouter à côté le ceviche de chou-fleur et servir avec le ketchup de poivrons.

POWER CROQUETTES

LES ATELIERS DE MasterChef

TEMAKI-SUSHIS

(ROULEAUX DE SUSHIS POUR UNE FÊTE)

45 min PRÉPARATION + 40 min CUISSON + 6 h 15 ATTENTE = 7 h 40 TOUT COMPRIS

NIVEAU ★★ — BUDGET €

INGRÉDIENTS	POUR 6 PERSONNES
RIZ ROND COMPLET	450 G
EAU	700 ML
SEL FIN	1 PINCÉE + 15 G
VINAIGRE DE CÉRÉALES OU DE RIZ	100 ML
SUCRE DE CANNE FIN (OU SIROP D'AGAVE)	5 C. À S.
UMEZU (VINAIGRE DE PRUNE, D'UMEBOSHI)	1 C. À C.
CAROTTE	1
MINI-CONCOMBRES	2
AVOCAT	1
BETTERAVE ORANGE	1
GOMBOS	12
TOMATES CONFITES	40 G
OLIVES VERTES DÉNOYAUTÉES	40 G
ROQUETTE	100 G
CIBOULETTE	1 BOTTE
NORI (ALGUE NOIRE)	15 FEUILLES
BAIES ROSES	1 C. À S.
WASABI	
GRAINES DE SÉSAME BLANCHES	1 C. À S.
SAUCE SOJA	

6 H AVANT

Laver le riz complet et le faire tremper (pendant 6 à 12 heures)

LES FEUILLES DE NORI

Ce produit à base d'algues nori est une excellente source de vitamines A, B1 et B2, de calcium et de fer.

LES TEMAKI

Te signifie « main » et *maki* signifie « rouler » en japonais. Avec ce type de sushis, chacun choisit ses ingrédients préférés et les roule en tournant avec la main. Un plat parfait pour recevoir ses amis !

CHANGEMENT D'ASSOCIATIONS

SUSHIS CLASSIQUES

▶ Remplacer le riz rond complet par du riz rond blanc (quantité d'eau et durée de cuisson différentes).

SOUS FORME DE MAKIS

▶ Rouler les ingrédients dans les feuilles de nori tapissées de riz à l'aide d'un tapis à sushis.

AVEC CETTE RECETTE

JE CONNAIS MAINTENANT

- ☐ LA FAÇON DE CUIRE LE RIZ ROND COMPLET
- ☐ LE VINAIGRE À SUSHIS
- ☐ LES TEMAKI
- ☐ L'UMEZU (VINAIGRE DE PRUNE)

JE ME NOTE ★★★ ★★ ★

PRIMEURS

12 GOMBOS
1 AVOCAT
100 G DE ROQUETTE
2 MINI-CONCOMBRES
1 BETTERAVE ORANGE

1 CAROTTE
1 BOTTE DE CIBOULETTE

ÉPICERIE

40 G DE TOMATES CONFITES
40 G D'OLIVES VERTES DÉNOYAUTÉES
700 ML D'EAU

SAUCE SOJA
1 C. À C. D'UMEZU
450 G DE RIZ ROND COMPLET
100 ML DE VINAIGRE DE CÉRÉALES

5 C. À S. DE SUCRE DE CANNE FIN
15 FEUILLES DE NORI
SEL FIN

WASABI
1 C. À S. DE BAIES ROSES
1 C. À S. DE GRAINES DE SÉSAME BLANCHES

1

LA CUISSON DU RIZ

5 MINUTES

+ CUISSON 35 MIN + ATTENTE 6 H 15

Laver le riz délicatement, en changeant l'eau deux ou trois fois. L'égoutter.

Mettre le riz dans un saladier, ajouter un grand volume d'eau et le laisser tremper entre 6 et 12 heures.

CONSEIL MasterChef

NORMALEMENT, LE RIZ DOIT TREMPER À TEMPÉRATURE AMBIANTE, MAIS IL EST MIEUX, EN ÉTÉ, DE LE METTRE AU FRAIS. LA DURÉE DE TREMPAGE DÉPEND DE LA SAISON : EN ÉTÉ (NOUVEAU RIZ), 6 HEURES ; EN HIVER, TOUTE LA NUIT.

Égoutter le riz et le mettre avec une à deux fois son volume d'eau dans une cocotte. Couvrir et porter à ébullition sur feu vif.

Ajouter 1 pincée de sel et laisser cuire 2 ou 3 minutes, puis baisser le feu, couvrir et laisser cuire environ 30 minutes.

CONSEIL MasterChef

EN FAISANT CUIRE DOUCEMENT LE RIZ, SA TEXTURE EST PLUS TENDRE. ON PEUT AUSSI CUIRE LE RIZ COMPLET DANS UN POÊLON EN TERRE CUITE OU UN AUTOCUISEUR. LE RÉSULTAT DÉPENDANT DE L'USTENSILE, IL FAUDRA AJUSTER LA DURÉE DE CUISSON, LA QUANTITÉ D'EAU ET LE FEU.

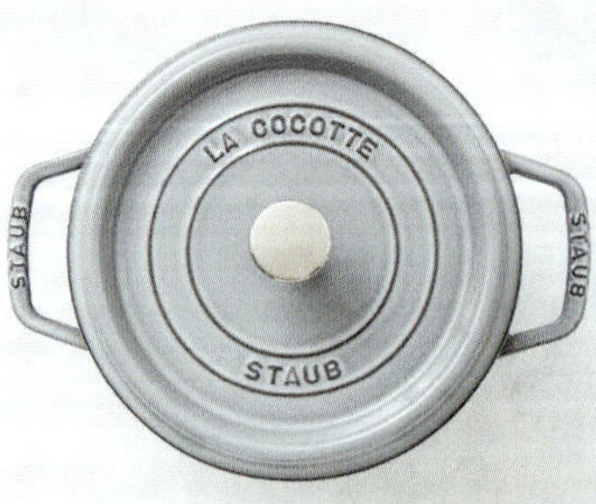

Vérifier la cuisson, puis retirer du feu et laisser 15 minutes, toujours à couvert, pour que le riz finisse de cuire avec sa vapeur.

Remuer le riz avec une spatule en bois humide, de haut en bas. Remettre le couvercle et réserver.

2

LE VINAIGRE À SUSHIS

5 MINUTES

+ CUISSON 1 MIN

Pendant la cuisson du riz, faire chauffer le vinaigre, le sucre et 15 g de sel dans une casserole, en remuant sans cesse.

Quand le sucre et le sel sont dissous, retirer du feu et ajouter 1 c. à c. d'*umezu*. Réserver jusqu'à la fin de la cuisson du riz.

Mettre le riz encore chaud dans un bac ou un saladier à l'aide d'une spatule en bois humide.

Arroser le riz du vinaigre à sushis et répartir celui-ci sans écraser les grains. Couvrir d'un torchon humide et réserver.

CONSEIL MasterChef

LE VINAIGRE À SUSHIS DOIT ÊTRE VERSÉ SUR LE RIZ DÈS QUE LA CUISSON DE CE DERNIER EST TERMINÉE. SI LE RIZ REFROIDIT, IL SERA DIFFICILE DE L'IMBIBER UNIFORMÉMENT.

3

LA PRÉPARATION DES LÉGUMES

25 MINUTES

+ CUISSON 4 MIN

Laver la carotte et la peler, puis l'émincer en longues lanières à l'aide de l'éplucheur.

Laver les mini-concombres, les trancher en biais et les émincer en fins bâtonnets.

Couper l'avocat en deux, le dénoyauter et l'éplucher. Le détailler en bâtonnet d'environ 7 mm de largeur.

Laver la betterave, la peler et la couper en tranches de 2 mm d'épaisseur avant de l'émincer finement.

Faire blanchir rapidement les gombos dans de l'eau bouillante, les tremper ensuite dans de l'eau froide et les égoutter.

Éliminer le pédoncule des gombos et les trancher. Émincer les tomates confites et couper les olives en rondelles.

Laver la roquette et la ciboulette, et les sécher.

4

LES TEMAKI

Couper les feuilles de nori en deux. Mettre les baies roses, du wasabi et les graines de sésame dans trois ramequins.

Disposer tous les éléments dans de jolis plats. Chacun posera du riz et les légumes de son choix sur une feuille de nori.

Il suffit ensuite de rouler la feuille d'algue en cornet et de déguster, avec de la sauce soja et du wasabi.

TEMAKI-SUSHIS

LES ATELIERS DE MasterChef

GNOCCHIS DE MA MÈRE

(BOULETTES DE POTIRON ET CRÈME DE PANAIS)

1 h PRÉPARATION + 35 min CUISSON = 1 h 35 TOUT COMPRIS

★★ NIVEAU

€ BUDGET

INGRÉDIENTS	POUR 6 PERSONNES
KABOCHA (COURGE JAPONAISE)	1 KG
CHOU ROMANESCO	300 G
FARINE	150 G
SEL	1 PINCÉE
POIVRE BLANC	1 PINCÉE
ZESTE D'ORANGE BIO	10 G
OIGNONS	150 G
PANAIS	400 G
HUILE DE NOIX	1 C. À S.
EAU	400 ML
CUBE DE BOUILLON DE LÉGUMES BIO	1
LAIT DE SOJA	600 ML
CRÈME D'AMANDE	100 ML
PISTACHES	40 G
CERFEUIL	2 BRINS
HUILE DE COURGE	1 C. À S.

LE KABOCHA

C'est une variété de courge d'origine japonaise. La chair est ferme, et elle devient douce et moelleuse après la cuisson. On le cultive de plus en plus en France.
Au Japon, on en fait des soupes, des gâteaux, des mijotés...

PAS DE PANAIS ?

Les remplacer par du chou-fleur.

PAS DE CHOU ROMANESCO ?

Le remplacer par du brocoli ou des choux de Bruxelles.

CHANGEMENT D'ASSOCIATIONS

EN AUTOMNE

▶ Remplacer le kabocha par des pommes de terre, et les panais par des cèpes.

À NOËL

▶ Remplacer le kabocha par des châtaignes et ajouter des copeaux de truffe.

AVEC CETTE RECETTE

JE CONNAIS MAINTENANT

☐ LES GNOCCHIS DE KABOCHA

JE ME NOTE ★★★ ★★ ★

PRIMEURS

ÉPICERIE

1

LA PÂTE DES GNOCCHIS

25 MINUTES

+ CUISSON 15 MIN

Couper le kabocha en quartiers et enlever les graines à l'aide d'une cuillère. Supprimer l'écorce.

Couper les quartiers de kabocha en cubes d'environ 3 cm de côté.

Laver le chou romanesco, le séparer en bouquets et couper ces derniers en petits morceaux.

Faire cuire les morceaux de kabocha à la vapeur pendant 10 minutes.

Ajouter le chou romanesco et prolonger la cuisson de 5 minutes.

Prélever les cubes de kabocha, les égoutter et les poser sur du papier absorbant pour qu'ils sèchent.

Vider l'eau du cuit-vapeur et y remettre le chou romanesco égoutté pour le conserver au chaud jusqu'au moment de servir.

Transférer le kabocha dans un saladier et l'écraser avec un presse-purée.

Ajouter la farine, saler et poivrer.

Ajouter 10 g de zeste d'orange râpé, mélanger et filmer, puis mettre au frais.

CONSEIL MasterChef

PARFOIS, LE KABOCHA EST ASSEZ JUTEUX (CELA DÉPEND DE LA SAISON) : SI LA PÂTE EST TROP LIQUIDE, IL FAUDRA METTRE UN PEU PLUS DE FARINE.

2

LA CRÈME DE PANAIS

15 MINUTES

+ CUISSON 10 MIN

Laver et éplucher les oignons. Les émincer finement.

Laver et éplucher les panais, puis les trancher en rondelles d'environ 7 mm d'épaisseur.

Faire chauffer l'huile de noix dans une casserole. Ajouter l'oignon et le faire suer quelques minutes sans coloration.

Ajouter les panais et remuer, puis verser 400 ml d'eau et ajouter le cube de bouillon. Laisser étuver environ 5 minutes.

Quand le panais est cuit, ajouter le lait de soja et mixer.

Ajouter alors la crème d'amande. Vérifier l'assaisonnement, saler et poivrer si nécessaire, puis réserver.

Mettre les pistaches dans un sac en plastique et les concasser en les écrasant avec un rouleau.

3 LES GNOCCHIS

20 MINUTES

+ CUISSON 10 MIN

Porter à ébullition un grand volume d'eau dans une casserole. Laver et effeuiller le cerfeuil.

Former des petites quenelles de pâte avec 2 cuillères humidifiées. Les plonger dans l'eau bouillante quelques minutes.

Parallèlement, réchauffer la crème de panais sur feu doux.

Les gnocchis sont cuits quand ils remontent à la surface. Les égoutter avec une écumoire et les déposer dans une passoire.

Répartir la crème de panais dans des assiettes creuses, ajouter 3 beaux gnocchis et des morceaux de chou romanesco.

Parsemer le tout de cerfeuil et de pistaches concassées. Arroser d'un filet d'huile de courge. Servir aussitôt, bien chaud.

GNOCCHIS DE MA MÈRE

LES ATELIERS DE MasterChef

BENTO VEGGIE

(BOL DE RIZ ET LÉGUMES TAPAS)

40 min PRÉPARATION + 50 min CUISSON + 6 h ATTENTE = 7 h 30 TOUT COMPRIS

NIVEAU ★

BUDGET €

INGRÉDIENTS	POUR 6 PERSONNES
RIZ ROND COMPLET	450 G
EAU	650 ML + 1 C. À S. + 2 C. À S.
WAKAMÉ SÉCHÉ	20 G
HUILE DE SÉSAME	1 C. À S. + 1 C. À S. + 1 C. À S.
SAUCE SOJA	1 C. À C. + 1 C. À S. + 1 C. À S. + 1 C. À S.
GRAINES DE SÉSAME GRILLÉES	1 C. À S. + 4 C. À S.
HARICOTS VERTS	250 G
SIROP D'AGAVE	1 C. À S. + 1 C. À S. + 1 C. À S. + 1 C. À S.
CAROTTES	2
CORIANDRE	4 BRINS
JUS DE CITRON	2 C. À S. + 1 C. À S.
CÉLERI-BRANCHE	1 TIGE
COURGETTES	2
AIL RÂPÉ	½ C. À C.
TOPINAMBOURS	300 G
BOUILLON DE LÉGUMES DÉSHYDRATÉ	1 PINCÉE
RADIS ROUGES	12
SEL	1 PINCÉE + ½ C. À C.

CHANGEMENT D'ASSOCIATIONS

COMME UNE SALADE TIÈDE
▶ Remplacer le riz complet par du sarrasin décortiqué ou du boulgour.

COMME LA RAW FOOD
▶ La garniture peut être exclusivement constituée de crudités juste assaisonnées.

LE BENTO *Bento*, qui signifie « boîte-repas » en japonais, désigne un plat à emporter pour le déjeuner ou le pique-nique. Cette recette est parfaite pour confectionner un vrai bento original.

TAPAS DE LÉGUMES On peut déguster les légumes de la garniture en apéritif ou en accompagnement d'un poisson ou d'une viande. Il est possible de les conserver au frais pendant 2 à 3 jours.

PAS DE CONDIMENT ?

Assaisonnez avec du gomasio (mélange de sel et de sésame grillé et concassé). On le trouve facilement dans les magasins bio ou les épiceries asiatiques.

AVEC CETTE RECETTE

JE CONNAIS MAINTENANT

- ☐ LE BENTO
- ☐ LE WAKAMÉ SAUTÉ
- ☐ LA MARINADE MINUTE

JE ME NOTE ★★★ | ★★ | ★

PRIMEURS

ÉPICERIE

1 PINCÉE DE BOUILLON DE LÉGUMES DÉSHYDRATÉ

20 G DE WAKAMÉ SÉCHÉ

450 G DE RIZ ROND COMPLET

5 C. À S. DE GRAINES DE SÉSAME GRILLÉES

SEL

4 C. À S. DE SAUCE SOJA

3 C. À S. D'HUILE DE SÉSAME

EAU

3 C. À S. DE JUS DE CITRON

4 C. À S. DE SIROP D'AGAVE

1

LE RIZ COMPLET

3 MINUTES

+ CUISSON 35 MIN + ATTENTE 6 À 12 H

Faire tremper le riz pendant 6 à 12 heures. Le préparer (page 104), puis le garder au chaud avec le couvercle.

2

PRÉPARATION DES GARNITURES

30 MINUTES

+ CUISSON 15 MIN + ATTENTE 15 MIN

Réhydrater le wakamé pendant environ 15 minutes, puis l'égoutter soigneusement. Faire chauffer de l'huile de sésame dans une poêle.

Faire sauter le wakamé 1 minute à feu vif. Ajouter 1 c. à s. de sauce soja et 1 c. à s. de graines de sésame, mélanger et retirer du feu.

Laver et équeuter les haricots verts. Les couper en tronçons de 4 cm et les faire cuire 3 à 4 minutes à l'eau bouillante salée ; les égoutter.

Mixer 4 c. à s. de graines de sésame, ajouter 1 c. à s. de sauce soja, 1 c. à s. de sirop d'agave et 1 c. à s. d'eau. Verser sur les haricots verts.

Laver et éplucher les carottes, puis les émincer en fines lanières avec un éplucheur. Rincer la coriandre et la ciseler.

Dans un bol, mettre la carotte, la coriandre et ajouter 1 c. à c. de sauce soja, 1 c. à s. de sirop d'agave, 2 c. à s. de jus de citron : mélanger.

Laver la tige de céleri et les courgettes. Les couper en tranches biseautées de 5 mm d'épaisseur.

Les faire sauter à feu vif quelques minutes avec 1 c. à s. d'huile de sésame. Retirer et mélanger avec l'ail râpé et une pincée de sel.

Brosser les topinambours et bien les laver.

Les émincer en demi-tranches de 5 mm d'épaisseur, puis les faire blanchir dans l'eau et les rincer plusieurs fois.

CONSEIL MasterChef

GRÂCE AU RINÇAGE, LES TOPINAMBOURS NE NOIRCIRONT PAS ; DE PLUS, ILS CONSERVERONT LEUR CROQUANT.
NE PAS LES ÉPLUCHER PERMET DE MIEUX PROFITER DE LEUR GOÛT.

Les faire sauter 1 minute avec de l'huile de sésame. Ajouter le bouillon, un peu d'eau, de sauce soja et de sirop d'agave ; étuver quelques minutes.

CONSEIL MasterChef

ATTENTION, IL NE FAUT PAS TROP CUIRE LES TOPINAMBOURS, ILS DOIVENT RESTER CROQUANTS.
ON PEUT AJOUTER UN PEU DE SAKÉ POUR ASSAISONNER.

Laver les radis et ôter les fanes.

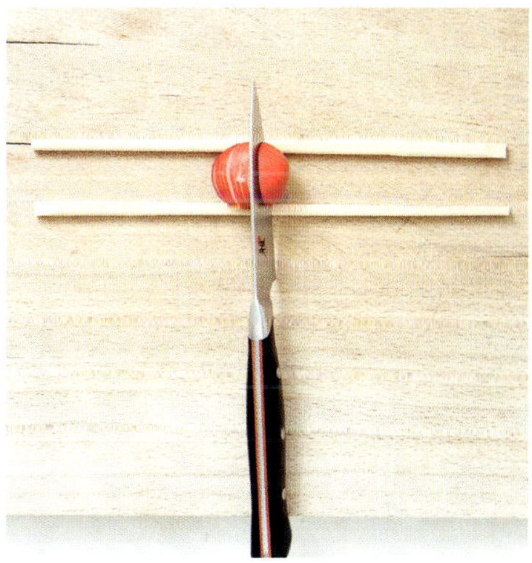

Poser un radis entre deux baguettes en bois sur une planche et faire des entailles parallèles sur 1 mm d'épaisseur.

Tourner le radis de 90° et faire des entailles perpendiculaires aux premières. Préparer de la même façon les autres radis.

CONSEIL MasterChef

VEILLER À NE PAS TRANCHER COMPLÈTEMENT LES RADIS, QUI DOIVENT S'OUVRIR EN FLEURS POUR LA DÉCORATION, PAS SE SÉPARER EN BÂTONNETS.

Mettre les radis dans un sac à congélation et les faire mariner avec ½ c. à c. de sel, 1 c. à s. de jus de citron et 1 c. à s. de sirop d'agave.

CONSEIL MasterChef

METTRE AINSI TOUS LES INGRÉDIENTS DANS UN SAC ET LE SERRER POUR ENLEVER L'AIR EST PARFAIT POUR LES MARINADES IMPROVISÉES. ON PEUT CONSERVER LES LÉGUMES AU FRAIS DANS CE SAC PENDANT 2 À 3 JOURS.

3

LA FINITION

7 MINUTES

Répartir le riz complet dans 6 bols ou 6 boîtes à bento.

Ajouter un petit tas de wakamé, puis des haricots verts.

Disposer harmonieusement les trois autres garnitures : salade de carottes, topinambours sautés et mélange de céleri et de courgette.

Égoutter les radis marinés et les ajouter au centre de chaque assiette.

BENTO VEGGIE

LES ATELIERS DE MasterChef

DENGAKU

(POLENTA ET LÉGUMES GRILLÉS À LA CRÈME DE NOISETTES AU MISO ROUGE)

PRÉPARATION 40 min + CUISSON 40 min + ATTENTE 1 h 35 = TOUT COMPRIS 2 h 55

NIVEAU ★★

BUDGET €

INGRÉDIENTS	POUR 6 PERSONNES
POLENTA	150 G
BOUILLON DE LÉGUMES ou 1 cube de bouillon de légumes + 800 ml d'eau	800 ML
SEL / POIVRE	
AUBERGINE	1
COURGETTES	2
POIVRON ORANGE	1
HUILE DE SÉSAME	3 C. À S.
THYM	¼ DE BOTTE
CIBOULETTE	¼ DE BOTTE
BAIES ROSES	1 C. À S.
GRAINES DE SÉSAME BLANCHES GRILLÉES	1 C. À S.
POUR LA SAUCE	
PURÉE DE NOISETTES	3 C. À S.
MISO ROUGE	80 G
SIROP D'ÉRABLE	3 C. À S.
JUS DE POMME	3 C. À S.

CHANGEMENT D'ASSOCIATIONS

EN APÉRITIF
▶ Faire des petits morceaux de pâte de polenta et de légumes, et les planter sur des piques en bambou.

PLUS JAPONAIS
▶ Remplacer la polenta par du tofu.

LE MISO
C'est une pâte fermentée, à base de fèves de soja, à haute teneur en protéines. On l'utilise pour les soupes, les marinades, des sauces... C'est un condiment polyvalent ! Il existe plusieurs types de miso : le blanc, le rouge, le noir... Le miso rouge a longuement fermenté et est deux fois plus salé que le miso

PAS DE PURÉE DE NOISETTES ?
La remplacer par du beurre de cacahuète, du tahin, de la purée d'amandes...

LES VERTUS DE LA POLENTA DE MAÏS C'est une bonne source d'énergie. Elle est riche en vitamine A, en magnésium et en fibres. Elle diminue les risques de maladies cardio-vasculaires et aide à réduire le taux de cholestérol.

AVEC CETTE RECETTE

JE CONNAIS MAINTENANT

- ☐ LE MISO ROUGE
- ☐ LES PÂTES DE POLENTA

JE ME NOTE ★★★ ★★ ★

PRIMEURS

ÉPICERIE / PRÉPARATION MAISON

1

LA POLENTA

7 MINUTES

+ CUISSON **7 MIN** **+** ATTENTE **1 H 30**

Mélanger la polenta et le bouillon dans une casserole, saler et poivrer.

CONSEIL MasterChef

ON PEUT UTILISER DU LAIT OU DU LAIT VÉGÉTAL, PUIS UN ŒUF ; LA PÂTE SERA PLUS RICHE. ON PEUT AUSSI AJOUTER DE L'AIL RÂPÉ ET PLUSIEURS VARIÉTÉS D'HERBES.

Porter à ébullition et laisser cuire environ 5 minutes en remuant, jusqu'à ce que la polenta soit onctueuse. Retirer du feu.

Déposer la moitié de la polenta sur une feuille de film plastique alimentaire.

La rouler serrée en un boudin de 5 cm de diamètre.

Torsader les extrémités et maintenir le film en place à l'aide de pinces à linge. Répéter l'opération avec le reste de polenta.

CONSEIL MasterChef

CETTE MISE EN FORME DOIT ÊTRE EFFECTUÉE IMMÉDIATEMENT APRÈS LA CUISSON. À DÉFAUT, IL AURA DES FISSURES À L'INTÉRIEUR ET LE BOUDIN SERA DÉFORMÉ. CETTE PÂTE PEUT ÊTRE CONSERVÉE AU CONGÉLATEUR PENDANT 1 MOIS.

Laisser refroidir les boudins de polenta pendant environ 30 minutes, puis les placer au frais 1 heure pour fixer la forme.

2

LA CRÈME DE NOISETTES AU MISO

3 MINUTES

+ CUISSON 8 MIN

Mélanger la purée de noisettes, le miso, le sirop d'érable et le jus de pomme dans une petite casserole.

Faire chauffer en remuant sans cesse jusqu'à ce que la sauce soit onctueuse. La réserver au chaud.

CONSEIL MasterChef

ON PEUT UTILISER CETTE SAUCE POUR D'AUTRES RECETTES ; PAR EXEMPLE, IL SUFFIT DE LUI AJOUTER DU VINAIGRE POUR EN FAIRE LA VINAIGRETTE D'UNE SALADE DE WAKAMÉ.

LE MISO DOIT CUIRE PEU DE TEMPS ET À FEU DOUX AFIN DE CONSERVER SA SAVEUR.

3

LES LÉGUMES ET LE MONTAGE

30 MINUTES

+ CUISSON 25 MIN

+ ATTENTE 5 MIN

Laver l'aubergine et la couper en rondelles d'environ 12 mm d'épaisseur.

Les faire tremper dans l'eau pendant 5 minutes, puis les égoutter et les déposer sur du papier absorbant pour les sécher.

Laver les courgettes, leur ôter les extrémités et les couper en rondelles régulières.

Laver le poivron, le couper en deux et éliminer le pédoncule et les graines. Détailler la pulpe en lamelles d'environ 2 × 5 cm.

Faire chauffer 1 c. à s. d'huile de sésame dans la poêle, y jeter les rondelles d'aubergine et les faire griller.

Débarrasser l'aubergine, ajouter un peu d'huile et faire griller les rondelles de courgette.

Recommencer pour les poivrons, sur feu vif. Ajouter 2 c. à s. d'eau, couvrir et laisser cuire pendant 3 minutes.

Sortir les boudins de polenta et les découper en tranches de la même épaisseur que l'aubergine.

Ajouter un peu d'huile dans la poêle et les griller 3 minutes de chaque côté, de façon à les colorer légèrement.

CONSEIL MasterChef

ATTENTION, LA PÂTE EST FRAGILE, AUSSI FAUT-IL ÉVITER DE TROP LA TOUCHER AVANT QU'ELLE NE SOIT BIEN SAISIE.

Répartir les disques de polenta et les légumes sur les assiettes de service.

Napper le tout de sauce, soigneusement pour que celle-ci ne coule pas dans les assiettes.

Décorer avec les herbes, rincées, séchées et ciselées, avec les baies roses et avec les graines de sésame.

LES ATELIERS DE MasterChef

DENGAKU

LES ATELIERS DE MasterChef

PANCAKES À LA SOCCA

(PANCAKES DE POIS CHICHES ET SALSA D'AVOCATS)

50 min PRÉPARATION + 20 min CUISSON + 10 min ATTENTE = 1 h 20 TOUT COMPRIS

★ NIVEAU

€ BUDGET

INGRÉDIENTS	POUR 6 PERSONNES (DE 18 À 20 PANCAKES)
FARINE DE POIS CHICHE	300 G
FÉCULE DE MAÏS	100 G
LEVURE BIO	1 C. À C.
BICARBONATE DE SOUDE	1 C. À C.
ŒUFS	2
LAIT DE SOJA	300 ML
CRÈME D'AMANDES	150 ML
SIROP D'AGAVE OU SUCRE DE CANNE	1 C. À S.
SEL	1 PINCÉE
RHUM	1 C. À S.
HUILE D'OLIVE	
POUR LA SALSA D'AVOCATS	
OIGNON ROUGE	30 G
AVOCATS MÛRS	2
CITRON (JUS DE CITRON)	1 C. À S.
EAU	2 C. À S.
TABASCO	
HUILE D'OLIVE	1 C. À S.
SEL	1 PINCÉE
POUR LA SALADE ROUGE	
OIGNON ROUGE	70 G
CHOU ROUGE	400 G
MÂCHE	200 G
SEL	
VINAIGRE DE BANYULS	2 C. À S.
POIRE	1
BETTERAVE	100 G
HUILE D'OLIVE	1 C. À S.
NOISETTES	50 G

CHANGEMENT D'ASSOCIATIONS

COMME DES GALETTES

▶ Remplacer la farine de pois chiche par de la farine de sarrasin.

PLUS CROUSTILLANT

▶ Parsemer la *salsa* de granola (mélange d'avoine, d'amandes et de miel).

AVEC CETTE RECETTE

JE CONNAIS MAINTENANT

☐ LA PÂTE DE POIS CHICHE

☐ LA SALSA D'AVOCATS

JE ME NOTE ★★★ ★★ ★

CRÉMERIE / PRIMEURS

ÉPICERIE

1

LA SALADE ROUGE

20 MINUTES

+ ATTENTE 10 MIN

Éplucher l'oignon rouge et le trancher finement à l'aide d'une mandoline, puis recouper chaque rondelle en deux.

En mettre environ 30 g de côté pour la salsa d'avocats et ciseler le reste.

Laver la mâche et la réserver dans une passoire.

Laver le chou rouge et l'émincer finement en lamelles à l'aide de mandoline.

Mettre le chou et l'oignon dans un sac plastique. Ajouter du sel et le vinaigre de banyuls, et fermer le sac.

Bien mélanger le tout en froissant le sac par l'extérieur, puis le presser pour enlever l'air.

CONSEIL MasterChef

FAIRE LE VIDE DANS LE SAC PERMET AUX LÉGUMES DE MARINER PLUS RAPIDEMENT ; DE PLUS, ILS SE CONSERVERONT QUELQUES JOURS SI LE SAC EST CONSERVÉ AU FRAIS. ON PEUT PRÉPARER AINSI DES RADIS, DE LA CAROTTE OU DE LA COURGETTE.

Éplucher la poire et la betterave, puis les trancher finement. Les ajouter dans le sac avec le chou et réserver au frais.

2

LA SALSA D'AVOCATS

10 MINUTES

Éplucher les avocats et mixer avec le jus de citron et 2 c. à s. d'eau. En mettre 4 c. à s. de côté pour la pâte à pancakes.

Mélanger la purée d'avocats, l'oignon réservé, 1 c. à s. d'huile, un peu de Tabasco et le sel. Filmer au contact et réserver au frais.

CONSEIL MasterChef

POUR CORSER UN PEU CETTE SALSA, ON PEUT AJOUTER UNE TOMATE HACHÉE ET DE L'AIL RÂPÉ, COMME POUR UN GUACAMOLE.

3

LES PANCAKES ET LA FINITION

20 MINUTES

+ CUISSON 20 MIN

Tamiser la farine de pois chiche avec la fécule de maïs, la levure et le bicarbonate de soude dans un saladier.

Casser les œufs dans un bol et ajouter les 4 c. à s. de purée d'avocats, le lait de soja, la crème d'amandes, le sirop d'agave, du sel et le rhum.

CONSEIL MasterChef

AJOUTER DU RHUM PERMET D'ÉLIMINER L'ODEUR DE POIS CHICHE. UNE AUTRE LIQUEUR OU DU ZESTE D'ORANGE RÂPÉ CONVIENDRONT ÉGALEMENT.

Mélanger les deux préparations, les œufs à la purée d'avocat et la farine.

Faire griller les noisettes à feu vif dans une poêle (elles ne doivent pas brûler). Les débarrasser dans un ramequin.

Dans la même poêle, verser un tout petit peu d'huile d'olive et l'étaler avec du papier absorbant.

Poser la poêle quelques secondes sur un torchon mouillé pour abaisser sa température.

CONSEIL MasterChef

IL FAUT BIEN CHAUFFER LA POÊLE, SINON LA PÂTE RISQUE DE COLLER ; POURTANT, SI LA TEMPÉRATURE EST TROP ÉLEVÉE, LA PÂTE BRÛLERA. LE TORCHON MOUILLÉ PERMET D'OBTENIR LA BONNE TEMPÉRATURE POUR UNE CUISSON UNIFORME.

Verser de la pâte dans la poêle en disques de 8 et 10 cm de diamètre, et faire cuire les pancakes à feu moyen.

Quand des bulles se forment à la surface, retourner et cuire l'autre côté 1 minute. Faire les autres pancakes de la même façon.

Mettre les noisettes grillées dans un sac en plastique et les concasser au rouleau.

Disposer la salade rouge dans un bol, ajouter 1 c. à s. d'huile d'olive et mélanger.

Déposer 3 pancakes sur chaque assiette, ajouter un peu de salade rouge, de mâche et de *salsa* d'avocats. Pour finir, parsemer de noisettes.

PANCAKES À LA SOCCA

LES ATELIERS DE MasterChef

DORIA DU POTAGER

(GRATIN DE RIZ ET D'ORGE AUX LÉGUMES DE PRINTEMPS)

55 min PRÉPARATION + 50 min CUISSON + 6 h 15 ATTENTE = 8 h TOUT COMPRIS

NIVEAU ★ — BUDGET €

INGRÉDIENTS	POUR 6 PERSONNES
ORGE PERLÉ (mis à tremper 6 heures avant)	200 G
RIZ ROND BLANC (mis à tremper 1 heure avant)	300 G
SAFRAN	1 PINCÉE
EAU	50 ML
AIL NOUVEAU	1 GOUSSE + 1 GOUSSE
OIGNONS	2
CAROTTES NOUVELLES	1 BOTTE
PANAIS	2
PETITS POIS	300 G
HUILE D'AIL	1 C. À S. + 1 C. À S. + 1 C. À S. + 1 C. À S.
BOUILLON DE LÉGUMES ou 1 cube de bouillon de légumes bio et 550 ml d'eau	550 ML
SEL	½ C. À C. + ½ C. À C. + ½ C. À C.
HARICOTS VERTS	300 G
ASPERGES VERTES	6
PERSIL	¼ DE BOTTE
ROMARIN	1 BRIN
PANKO (CHAPELURE JAPONAISE)	4 C. À S.
POIVRE	1 PINCÉE
LAIT DE SOJA	500 ML
CRÈME D'AMANDE (FACULTATIF)	50 ML

6 H AVANT

Laver et faire tremper l'orge perlé dans l'eau.

1 H AVANT

Laver et faire tremper le riz blanc dans l'eau.

L'ORGE PERLÉ L'orge est une céréale très proche du blé. Cette excellente source de protéines est riche en fibres, en vitamine E et en minéraux, qui sont des antioxydants très puissants.

CHANGEMENT D'ASSOCIATIONS

À LA NAPOLITAINE

▶ Ajouter une sauce tomate et de l'origan dans le riz.

EN AUTOMNE

▶ Remplacer les légumes printaniers par des cèpes et d'autres champignons de saison.

AVEC CETTE RECETTE

JE CONNAIS MAINTENANT

- ☐ LE PANKO (CHAPELURE JAPONAISE)
- ☐ LA CUISSON DE L'ORGE PERLÉ

JE ME NOTE ★★★ ★★ ★

PRIMEURS

ÉPICERIE / PRÉPARATIONS MAISON

1

LA PRÉPARATION

25 MINUTES

+ CUISSON 25 MIN + ATTENTE 15 MIN

Faire tremper le safran dans 50 ml d'eau.

Peler 1 gousse d'ail et les oignons, puis les ciseler finement.

Éplucher les carottes, les couper en quatre dans la longueur et les recouper en biseaux de 5 cm. Réserver les plus belles fanes.

Éplucher les panais et les détailler en morceaux de la même taille que les carottes.

Écosser les deux tiers des petits pois. Conserver les autres dans leur cosse.

Verser 1 c. à s. d'huile dans une cocotte, ajouter l'ail et le faire suer, puis ajouter l'oignon et le faire suer sur feu moyen.

Ajouter les tronçons de carotte sans fanes (réserver ceux avec des fanes) et les morceaux de panais ; remuer avec une spatule.

Égoutter le riz et l'orge perlé. Les verser dans la cocotte et remuer.

Ajouter le safran et son eau de trempage, le bouillon de légumes et ½ c. à c. de sel. Ajouter les petits pois écossés.

Porter à ébullition sur feu vif et laisser bouillonner 2 à 3 minutes, puis baisser le feu, couvrir et faire cuire pendant 15 minutes.

Retirer du feu et réserver 15 minutes, toujours avec le couvercle, pour que le riz finisse de cuire.

2

LA GARNITURE DE LÉGUMES

20 MINUTES

+ CUISSON 5 MIN

Équeuter les haricots verts, les laver et les couper en tronçons de 5 cm de longueur.

Laver les asperges et peler la partie dure. Couper les pointes en deux dans la longueur et les tiges en petits tronçons biseautés.

Faire cuire 2 minutes, à feu vif et à couvert, les haricots verts, les morceaux de carotte avec fanes, 3 c. à s. d'eau et ½ c. à c. de sel.

Ajouter les asperges et cuire 2 minutes, puis ajouter les petits pois en cosse et prolonger la cuisson de 1 minute. Retirer du feu.

CONSEIL MasterChef

À CHAQUE FOIS, FAIRE CUIRE AVEC LE COUVERCLE. NE PAS PLONGER LES LÉGUMES DANS L'EAU APRÈS CUISSON POUR GARDER LEURS SAVEURS.

Transférer les légumes cuits dans un saladier, verser 1 c. à s. d'huile d'ail et mélanger. Préchauffer le four à 200 °C (th. 6-7).

Hacher le persil et le romarin, râper 1 gousse d'ail, et les mélanger dans un bol avec le panko, le poivre et ½ c. à c. de sel.

3

LE GRATIN DE RIZ ET LA FINITION

10 MINUTES

+ CUISSON **20 MIN**

Ajouter le lait de soja et la crème d'amande dans la cocotte. Laisser cuire quelques minutes en remuant, et vérifier l'assaisonnement.

CONSEIL MasterChef

ON PEUT PROFITER DE L'AMIDON DE RIZ QUI, AVEC DU LAIT, DONNE DU LIANT ET DE L'ONCTUOSITÉ, COMME UNE BÉCHAMEL. ON PEUT AJOUTER DE LA CRÈME OU UN JAUNE D'ŒUF À CE MOMENT-LÀ.

Huiler un grand plat à gratin, y étaler le riz et aplanir. Effeuiller le romarin.

Disposer les deux tiers des légumes étuvés à la surface et saupoudrer du mélange au panko. Arroser d'huile d'ail.

Enfourner et laisser gratiner pendant environ 15 minutes.

À la sortie du four, décorer avec le reste des légumes et les fanes de carotte réservées.

DORIA DU POTAGER

LES ATELIERS DE MasterChef

PANNA COTTA
AU BEURRE DE LA FORÊT

(CRÈME D'AVOCAT ET DE CHOCOLAT BLANC)

20 min PRÉPARATION + 5 min CUISSON + 1 h ATTENTE = 1 h 25 TOUT COMPRIS

★ NIVEAU

€ BUDGET

INGRÉDIENTS	POUR 6 PERSONNES
AVOCAT MÛR	1
JUS DE CITRON	1 C. À S.
CRÈME D'AVOINE	100 ML
LAIT D'AVOINE	300 ML
SUCRE	30 G
CHOCOLAT BLANC	100 G
CARDAMOME	3 GOUSSES
AGAR-AGAR	½ C. À C.
EAU	1 C. À S.
MENTHE	6 SOMMITÉS

CHANGEMENT D'ASSOCIATIONS

PLUS PARFUMÉ

▶ Remplacer la cardamome par de l'amaretto ou du rhum.

PLUS VERT

▶ Remplacer l'avocat par des edamame (soja vert).

LES VERTUS DE L'AVOCAT

L'avocat est riche en vitamines C et E, et en protéines. Comme il contient un excellent antioxydant, il aide à lutter contre les maladies cardio-vasculaires et le cancer, et il réduit le taux de cholestérol.

COMME POUR UN CHEESE-CAKE

Ajouter du fromage frais ou du yaourt et des zestes de citron râpé.

PAS D'AVOCAT ?

Le remplacer par une mangue ou par des fraises.

LA CARDAMOME

Écraser les graines permet d'avoir plus de saveur.
La cardamome stimule la digestion, c'est idéal pour un dessert !

AVEC CETTE RECETTE

JE CONNAIS MAINTENANT

☐ L'AVOCAT EN DESSERT
☐ LE LAIT ET LA CRÈME D'AVOINE

JE ME NOTE ★★★ ★★ ★

PRIMEURS

ÉPICERIE

1

LA PRÉPARATION

17 MINUTES

+ CUISSON 5 MIN + ATTENTE 1 H

Couper l'avocat en deux et le dénoyauter. Prélever la pulpe à l'aide d'une cuillère à soupe et la mettre dans un saladier.

Ajouter le jus de citron et la moitié de la crème d'avoine, et mixer. Filmer au contact et réserver.

Faire chauffer le lait d'avoine, le reste de crème, le sucre, le chocolat et les gousses de cardamome concassées en remuant.

Ajouter l'agar-agar dissous dans 1 c. à s. d'eau et laisser bouillir 1 minute. Filtrer avec une passoire et laisser refroidir.

Incorporer la purée d'avocat et mélanger, jusqu'à obtenir une préparation homogène.

2

LA FINITION

3 MINUTES

Repartir la crème dans des verres et laisser refroidir, puis mettre au frais jusqu'à ce que les panna cotta soient prises (environ 1 heure).

Décorer de feuilles de menthe et servir, bien frais.

LES ATELIERS DE MasterChef

PANNA COTTA AU BEURRE DE LA FORÊT

LES ATELIERS DE MasterChef

CAKE CONTRE-FATIGUE ET THÉ TONIQUE

(GÂTEAU D'ANANAS ET DE POLENTA, THÉ DE GINGEMBRE AU KUZU)

30 min PRÉPARATION + 30 min CUISSON = 1 h TOUT COMPRIS — NIVEAU ★ — BUDGET €

INGRÉDIENTS	POUR 6 PERSONNES
ANANAS	½
ABRICOTS SECS	10
GINGEMBRE	20 G (GARDER LA PELURE)
FARINE DE MAÏS	100 G
LEVURE BIO	½ C. À C.
POLENTA	30 G
ŒUFS	2
SUCRE DE CANNE ROUX	50 G
HUILE DE PÉPIN DE RAISIN	50 ML
LAIT DE SOJA	50 ML
POUR LE THÉ TONIQUE	
LA PELURE DE GINGEMBRE	
KUZU	6 C. À C.
SIROP D'ÉRABLE (OU MIEL)	6 C. À S.
EAU	200 ML + 700 ML +50 ML
CITRON (FACULTATIF)	6 RONDELLES

USTENSILE INDISPENSABLE : MOULE CARRÉ DE 18 CM DE CÔTÉ

MÛR À POINT
Pour être sûr d'avoir un ananas bien mûr, ne pas le mettre au réfrigérateur : le laisser à température ambiante et attendre jusqu'à ce que les feuilles se flétrissent et que l'écorce jaunisse.

LES VERTUS DE L'ANANAS
Il contient des vitamines C, B1 et B2, du potassium, du manganèse, des fibres et de l'acide citrique. Il est efficace contre la fatigue, et aide à se relaxer.

PAS DE POLENTA ?
La remplacer par de la poudre d'amandes.

PAS DE FARINE DE MAÏS ?
La remplacer par la farine (type 55).

CHANGEMENT D'ASSOCIATIONS

POUR L'AUTOMNE
▶ Remplacer l'ananas par des pommes ou par des marrons, et ajouter du rhum.

COMME POUR UNE TARTE TATIN
▶ Ajouter du sucre de canne ou du sirop d'érable sur le fond du moule avant la cuisson.

AVEC CETTE RECETTE

JE CONNAIS MAINTENANT

- ☐ LE GÂTEAU SANS GLUTEN
- ☐ LA DÉCOUPE DE L'ANANAS
- ☐ L'UTILISATION DE LA FARINE DE MAÏS ET DE LA POLENTA

JE ME NOTE ★★★ ★★ ★

PRIMEURS

½
ANANAS

20 G
DE GINGEMBRE

ÉPICERIE / CRÉMERIE

30 G
DE POLENTA

KUZU

100 G
DE FARINE DE MAÏS

10
ABRICOTS SECS

50 G
DE SUCRE DE CANNE ROUX

50 ML
D'HUILE DE PÉPIN DE RAISIN

SIROP D'ÉRABLE
(OU MIEL)

½ C. À C.
DE LEVURE BIO
OU DE BICARBONATE
DE SOUDE

EAU

50 ML
DE LAIT DE SOJA

2
ŒUFS

1

PRÉPARATION DES INGRÉDIENTS

15 MINUTES

Enlever les deux extrémités de l'ananas (les feuilles et le fond), puis le couper en deux dans la hauteur.

Tenir l'ananas verticalement et enlever l'écorce en faisant glisser le couteau de haut en bas.

Le coucher et le couper en deux dans la longueur, puis enlever le cœur de l'ananas (la partie dure).

Détailler les quartiers en tranches d'environ 12 mm d'épaisseur. Couper les abricots secs en quatre.

Chemiser le moule de papier sulfurisé. Préchauffer le four à 180 °C (th. 6).

Disposer les morceaux d'ananas dans le fond du moule et remplir les interstices avec des morceaux d'abricot.

2

L'APPAREIL À CAKE

15 MINUTES

+ CUISSON 30 MIN

Éplucher le gingembre et réserver la pelure. Râper le morceau de gingembre.

CONSEIL MasterChef

LES PELURES CONSERVÉES VONT PERMETTRE DE PRÉPARER LE THÉ, UN GESTE MACROBIOTIQUE, PUISQU'ON « PROFITE ENTIÈREMENT ».
LE GINGEMBRE EST TRÈS TONIQUE, BÉNÉFIQUE POUR LA CIRCULATION SANGUINE ET IL AIDE À LA RELAXATION.

Tamiser la farine de maïs avec la levure et la polenta.

Mélanger les 2 œufs et le sucre dans un bol, puis verser l'huile de pépin de raisin.

Incorporer le mélange de farine, de levure et de polenta.

Ajouter le lait de soja et mélanger.

Ajouter le gingembre râpé et mélanger.

Verser la préparation dans le moule et aplanir la surface. Enfourner et laisser cuire pendant environ 30 minutes.

CONSEIL MasterChef

POUR VÉRIFIER LA CUISSON, PIQUER À L'APPAREIL À L'AIDE DE LA POINTE D'UN COUTEAU : LA LAME DOIT RESSORTIR SÈCHE ; SI CE N'EST PAS LE CAS, PROLONGER LA CUISSON DE QUELQUES MINUTES.

À la sortie du four, démouler le gâteau en le retournant sur une grille tapissée de papier sulfurisé. Le laisser refroidir.

3

LE THÉ TONIQUE

+ CUISSON 15 MIN

Mettre les pelures réservées dans une casserole et ajouter 200 ml d'eau. Quand l'eau bout, baisser le feu et laisser mijoter 10 minutes.

Verser le bouillon de gingembre en tamisant dans une autre casserole, puis ajouter 700 ml d'eau et porter à ébullition.

Verser le kuzu dans un bol et le diluer dans 50 ml d'eau froide, puis le transférer dans la casserole.

CONSEIL MasterChef

LE KUZU EST UNE PLANTE DES PAYS D'ASIE MONTAGNEUX DONT ON UTILISE LA FÉCULE, EXTRAITE DE LA RACINE. LE KUZU RÉDUIT LE RISQUE DE MALADIES CARDIO-VASCULAIRES, PRÉVIENT LES DÉSAGRÉMENTS LIÉS À LA MÉNOPAUSE ET EST UTILISÉ POUR TRAITER LE DIABÈTE EN MÉDECINE TRADITIONNELLE CHINOISE.

Faire bouillir et laisser cuire jusqu'à ce que la préparation soit transparente, en remuant sans cesse. Ajouter le sirop d'érable.

Répartir le thé dans des tasses et ajouter les tranches de citron.

CONSEIL MasterChef

POUR CHANGER : ON PEUT AJOUTER DU JUS DE CITRON, OU DE LA MENTHE, OU UN BÂTON DE CANNELLE. LE SIROP D'ÉRABLE PEUT AUSSI ÊTRE REMPLACÉ PAR DU MIEL.

Servir aussitôt le gâteau avec le thé tonique.

LES ATELIERS DE MasterChef

CAKE CONTRE-FATIGUE ET THÉ TONIQUE

LES ATELIERS DE MasterChef

PUDDING DE KABOCHA

(FLAN DE POTIRON ET MARRONS CARAMÉLISÉS)

50 min PRÉPARATION + 1 h 20 CUISSON + 3 h ATTENTE = 5 h 10 TOUT COMPRIS

NIVEAU ★

BUDGET €

INGRÉDIENTS	POUR 6 PERSONNES
KABOCHA (OU POTIRON)	550 G (NON ÉPLUCHÉ)
ŒUFS	3
LAIT DE SOJA	400 ML
SUCRE DE CANNE ROUX	90 G
CANNELLE EN POUDRE	1 PINCÉE
SUCRE DE CANNE FIN	80 G + 50 G
EAU	3 C. À S. + 3 C. À S.
MARRONS CUITS (EN CONSERVE)	6
HUILE DE PÉPIN DE RAISIN	1 C. À S.
ANIS ÉTOILE	3

USTENSILES INDISPENSABLES : UN PETIT MOULE À CAKE (18 × 8 × 6 CM)

CHANGEMENT D'ASSOCIATIONS

PLUS EXOTIQUE

▶ Remplacer la courge par de la patate douce et de la banane avec du lait de coco.

PLUS HIVERNAL

▶ Remplacer les marrons par des raisins secs et ajouter du porto.

CHANGEMENT DE LAIT

Le lait de soja peut être remplacé par du lait d'amande, d'avoine, de coco, de noisette... On peut aussi ajouter de la crème de coco ou des noix de cajou, par exemple, pour un dessert plus riche.

PAS DE MARRONS ?

Les remplacer par des noix et des raisins secs.

PAS DE KABOCHA ?

Le remplacer par de la patate douce.

POUR LES VÉGÉTALIENS

Remplacer les œufs par de l'agar-agar. Ajouter 1 c. à s. d'eau froide et 2 c. à c. d'agar-agar. Mélanger avec l'appareil dans une casserole, porter à ébullition et laisser bouillir 2 minutes. Verser dans un moule et mettre au frais.

AVEC CETTE RECETTE

JE CONNAIS MAINTENANT

- ☐ LES DESSERTS À BASE DE LÉGUMES
- ☐ LE KABOCHA (COURGE JAPONAISE)

JE ME NOTE ★★★ | ★★ | ★

CRÉMERIE / PRIMEURS

ÉPICERIE

1

LE CARAMEL

5 MINUTES

+ CUISSON 5 MIN

Badigeonner le moule d'huile de pépin de raisin à l'aide d'un pinceau.

Mélanger 3 c. à s. d'eau et 80 g de sucre fin dans une petite casserole, porter à ébullition et faire cuire sur feu moyen.

Lorsque le mélange a pris une belle teinte brune, retirer la casserole du feu.

Verser immédiatement le caramel dans le fond du moule.

2

L'APPAREIL À PUDDING

35 MINUTES

+ CUISSON 1 H 10

Couper le kabocha en quartier et enlever les graines en l'aide d'une cuillère.

Enlever l'écorce, puis détailler la chair en cube d'environ 3 cm de côté.

Peser la quantité de courge nécessaire à la recette : 400 g. Préchauffer le four à 160 °C (th. 5-6).

Faire cuire le kabocha à la vapeur pendant environ 15 minutes. L'égoutter et le laisser refroidir sur du papier absorbant.

Faire chauffer 400 ml de lait de soja dans une casserole et y dissoudre 90 g de sucre roux.

Mixer le kabocha avec 100 ml de lait de soja sucré.

Casser les œufs dans un saladier et les battre rapidement. Ajouter la préparation précédente et mélanger.

Ajouter le reste de lait de soja sucré et mélanger.

Passer la préparation au chinois ou la filtrer dans une passoire.

Ajouter une belle pincée de cannelle en poudre et mélanger.

Verser doucement l'appareil dans le moule et poser ce dernier dans un plat à four type plat à gratin.

Verser de l'eau chaude dans le plat à gratin jusqu'à la mi-hauteur du moule. Enfourner et laisser cuire environ 50 minutes.

3

LES MARRONS ET LA FINITION

10 MINUTES

+ CUISSON 5 MIN | + ATTENTE 3 H

Pendant la cuisson du pudding, réunir dans une casserole 50 g de sucre de canne fin, 3 anis étoilés et 3 c. à s. d'eau.

Porter à ébullition et laisser cuire jusqu'à ce que le mélange soit brun (légèrement caramélisé, mais encore liquide).

Verser sur les marrons et les laisser mariner.

Vérifier la cuisson du pudding, puis le laisser refroidir avant de le réserver au frais pendant au moins 3 heures.

CONSEIL MasterChef

POUR ÊTRE SÛR QUE LE PUDDING EST BIEN CUIT, LE SONDER À CŒUR AVEC LA POINTE D'UN COUTEAU. ELLE DOIT RESSORTIR SÈCHE. SI ELLE EST HUMIDE, PROLONGER LA CUISSON DE QUELQUES MINUTES.

Sortir le pudding du réfrigérateur. Le décoller en passant la lame d'un couteau tout le long des parois du moule.

Poser le plat de service à l'envers sur le moule et renverser délicatement le tout.

Décorer le pudding de marrons et d'anis étoilés.

PUDDING DE KABOCHA

LES ATELIERS DE MasterChef

GÂTEAU D'AUTOMNE

(GÂTEAU DE POIS CHICHES AUX POIRES, À LA CANNELLE ET AU RHUM)

30 min PRÉPARATION + 30 min CUISSON = 1 h TOUT COMPRIS

★ NIVEAU

€ BUDGET

INGRÉDIENTS	POUR 6 PERSONNES
PETITES POIRES	3
FARINE DE POIS CHICHE	120 G
POUDRE D'AMANDES	20 G
LEVURE BIO	½ C. À C.
POUDRE DE CANNELLE	1 C. À C.
ŒUFS	2
SUCRE DE CANNE	50 G
HUILE DE PÉPIN DE RAISIN	40 ML
LAIT D'AMANDE	50 ML
MIEL	1 C. À S. + 1 C. À S.
RHUM	1 C. À S. + 1 C. À S.
BÂTONS DE CANNELLE	3

USTENSILE INDISPENSABLE : MOULE RECTANGULAIRE

UNE AUTRE FORME
On peut utiliser un moule rond ou un moule carré.

LES VERTUS DES POIS CHICHES
Les pois chiches sont riches en protéines, en fibres, en potassium, en magnésium, en sels minéraux et en vitamine D. Très nutritifs, ils donnent beaucoup de vitalité.

PAS DE RHUM ?
Le remplacer par l'eau-de-vie, de la poire, du porto…

PAS DE MIEL ?
Le remplacer par du sirop d'érable.

LES VERTUS DES AMANDES
Les amandes sont d'excellentes sources de protéines, elles sont riches en fibres et en minéraux, et elles apportent beaucoup d'énergie. Elles ont des vertus anticholestérol.

CHANGEMENT D'ASSOCIATIONS

PLUS HIVERNAL
▶ Remplacer les poires par des figues sèches et par des raisins secs, et ajouter des noix.

TOUCHE ASIATIQUE
▶ Remplacer les poires par des kakis, et ajouter des kumquats.

AVEC CETTE RECETTE

JE CONNAIS MAINTENANT

- ☐ LE LAIT VÉGÉTAL
- ☐ LE GÂTEAU SANS GLUTEN (LA FARINE ALTERNATIVE)

JE ME NOTE ★★★ ★★ ★

PRIMEURS

3
PETITES POIRES

CRÉMERIE / ÉPICERIE

2 C. À S.
DE MIEL

50 G
DE SUCRE DE CANNE

120 G
DE FARINE DE POIS CHICHE

20 G
DE POUDRE D'AMANDES

1 C. À C.
DE CANNELLE EN POUDRE

2
ŒUFS

40 ML
D'HUILE DE PÉPIN DE RAISIN

50 ML
DE LAIT D'AMANDE

3
BÂTONS DE CANNELLE

2 C. À S.
DE RHUM

½ C. À C.
DE LEVURE BIO

1

LES POIRES

10 MINUTES

Chemiser le moule de papier sulfurisé.

Peler les poires et les couper en deux, sans enlever le cœur.

Tailler un peu de la partie bombée pour poser les demi-poires à plat.

2

L'APPAREIL

10 MINUTES

+ CUISSON 3 MIN

Tamiser la farine de pois chiche dans la poêle.

La faire torréfier légèrement sur feu moyen en la remuant sans cesse avec la spatule.

CONSEIL MasterChef

LA TORRÉFACTION PERMET D'ÉLIMINER L'ODEUR DE POIS CHICHE.

Transférer la farine dans un bol et la laisser refroidir. Préchauffer le four à 180 °C (th. 6).

CONSEIL MasterChef

PARFUMER LA PÂTE AVEC UN ALCOOL QUI SE MARIE BIEN AVEC LA POIRE (MADÈRE, COGNAC OU KIRSCH, PAR EXEMPLE) PERMET AUSSI D'ÉLIMINER L'ODEUR DE POIS CHICHE.

Tamiser ensemble la poudre d'amandes, la levure et la cannelle en poudre. Réserver.

Casser les œufs dans un bol et les fouetter avec le sucre.

Ajouter l'huile de pépin de raisin et mélanger.

Dans le bol de la farine de pois chiche, ajouter le mélange de poudre d'amandes, de levure et de cannelle.

Ajouter le mélange d'œufs et de sucre au centre du bol et remuer pour les incorporer.

Incorporer le lait d'amande, le miel et le rhum. Mélanger soigneusement.

CONSEIL MasterChef

ON PEUT REMPLACER LE LAIT D'AMANDE PAR DU LAIT DE SOJA, DU LAIT DE NOISETTE, DU LAIT D'AVOINE OU TOUT AUTRE LAIT VÉGÉTAL.
LE LAIT D'AMANDE EST TRÈS RICHE EN CALCIUM ET EN PROTÉINES.

CONSEIL MasterChef

LAIT VÉGÉTAL MAISON :
FAIRE TREMPER 200 G D'AMANDES MONDÉES DANS DE L'EAU PENDANT 1 JOURNÉE POUR QU'ELLES RAMOLLISSENT ; ÉGOUTTER LES AMANDES ET LES MIXER AVEC 2 TASSES D'EAU JUSQU'À CE QUE L'ENSEMBLE DEVIENNE CRÉMEUX, PUIS FILTRER.

3

LA CUISSON DU GÂTEAU

5 MINUTES

+ CUISSON 25 MIN

Verser l'appareil dans le moule à l'aide d'une spatule souple.

Disposer les poires et les bâtons de cannelle.

Enfourner et laisser cuire entre 20 et 30 minutes.

CONSEIL MasterChef

POUR VÉRIFIER LA CUISSON, PIQUER L'APPAREIL À L'AIDE D'UNE PIQUE EN BAMBOU : ELLE DOIT RESSORTIR SÈCHE ; SINON, PROLONGER LA CUISSON DE QUELQUES MINUTES.

4

LA FINITION

5 MINUTES

Mélanger le reste de miel et de rhum dans un petit bol. À la sortie du four, badigeonner le gâteau de ce sirop avec un pinceau.

Démouler le gâteau et le poser sur la grille ou une planche pour le laisser refroidir.

CONSEIL MasterChef

SERVIR CHAUD OU, EN ÉTÉ, METTRE AU FRAIS ET ACCOMPAGNER DE CRÈME FOUETTÉE.

GÂTEAU D'AUTOMNE

LES ATELIERS DE MasterChef

PUNCH RUBIS

(CUBES DE LAIT D'AMANDE, SIROP DE GRENADE ET D'HIBISCUS)

50 min PRÉPARATION + 10 min CUISSON + 1 h 45 ATTENTE = 2 h 45 TOUT COMPRIS

★ NIVEAU

€ BUDGET

INGRÉDIENTS	POUR 6 PERSONNES
LAIT D'AMANDE	600 ML
SUCRE DE CANNE FIN	6 C. À S. + 5 C. À S.
EAU	2 C. À S. + 800 ML
AGAR-AGAR	2 C. À C.
FLEURS D'HIBISCUS SÉCHÉES ou infusion d'hibiscus	2 C. À C.
SIROP DE GRENADE BIO	2 C. À S.
JUS DE CITRON	1 C. À C.
GRENADE	½
MICRO-TOMATES	300 G
MENTHE	3 BRINS

USTENSILE INDISPENSABLE : UN BAC

CHANGEMENT D'ASSOCIATIONS

COCKTAIL

▶ Dans le sirop, ajouter de la glace et du Campari®.

PLUS ESTIVAL

▶ Remplacer les micro-tomates par des petits morceaux de pastèque.

PARFUM DE ROSE

Ajouter un peu de sirop de rose.

PAS D'HIBISCUS ?

Le remplacer par des sachets d'infusion ou de thé aux fruits rouges.

LES VERTUS DE LA GRENADE

Elle est riche en antioxydants. Elle aide à lutter contre le stress et a un effet protecteur contre les maladies cardio-vasculaires.

LES VERTUS DE L'AGAR-AGAR

Il est riche en fibres et bénéfique pour le transit intestinal. Il contient du calcium, du phosphore et du fer. Il est diététique, peu calorique, et ses sucres ont un indice glycémique très faible.

AVEC CETTE RECETTE

JE CONNAIS MAINTENANT

☐ LA TISANE DE FLEURS D'HIBISCUS

☐ L'AGAR-AGAR

JE ME NOTE ★★★ ★★ ★

PRIMEURS

300 G
DE MICRO-TOMATES

½
GRENADE

3
BRINS DE MENTHE

ÉPICERIE

2 C. À C.
D'AGAR-AGAR

2 C. À C.
DE FLEURS D'HIBISCUS SÉCHÉES

11 C. À S.
DE SUCRE DE CANNE FIN

1 C. À C.
DE JUS DE CITRON

600 ML
DE LAIT D'AMANDE

2 C. À S.
DE SIROP DE GRENADE

830 ML
D'EAU

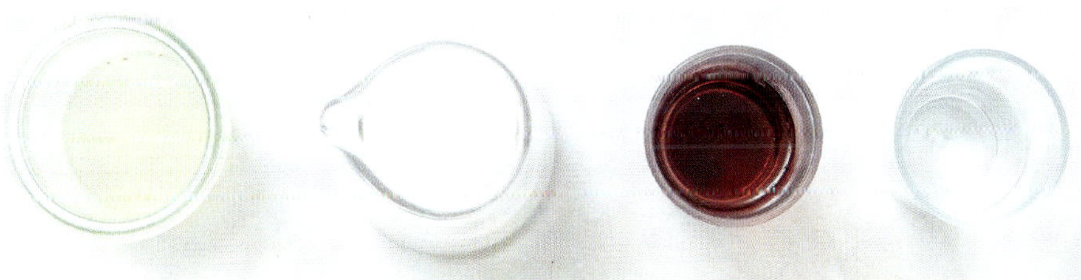

1

LA GELÉE AU LAIT D'AMANDE

5 MINUTES

+ CUISSON **5 MIN** + ATTENTE **1 H 15**

Porter à ébullition le lait d'amande et le sucre dans une casserole en remuant : le sucre doit être complètement dissous.

Mélanger 2 cuillerées à soupe d'eau froide et l'agar-agar dans un bol.

CONSEIL MasterChef

IL FAUT DISSOUDRE L'AGAR-AGAR DANS L'EAU FROIDE AVANT DE LE METTRE DANS UN LIQUIDE CHAUD, SINON DES GRUMEAUX SE FORMENT.

Verser l'agar-agar dans la casserole de lait d'amande en remuant, puis porter à ébullition et laisser bouillir 1 minute.

Retirer du feu et verser dans un bac à fond bien plat. Laisser refroidir, puis réserver au frais pendant 1 heure.

2

LE SIROP

5 MINUTES

+ CUISSON **3 MIN**

Faire chauffer 800 ml d'eau avec 5 c. à s. de sucre et les fleurs d'hibiscus.

Laisser bouillir 2 à 3 minutes, jusqu'à ce que le sucre soit dissous, et la couleur bien vive. Retirer du feu et ajouter le sirop de grenade.

Filtrer à l'aide d'un chinois et laisser refroidir dans un saladier.

Ajouter 1 c. à c. de jus de citron dans le saladier, puis réserver au frais.

CONSEIL MasterChef

LE JUS DE CITRON APPORTE DE LA FRAÎCHEUR ET PERMET DE CONSERVER LA COULEUR ROUGE VIF DE L'HIBISCUS.

3

LES FRUITS

30 MINUTES

+ CUISSON 2 MIN + ATTENTE 30 MIN

Préparer la grenade : couper la partie supérieure, puis la base.

La poser sur sa base et la couper en deux verticalement. Ouvrir une des moitiés et récupérer les graines avec les doigts.

Porter de l'eau à ébullition dans une casserole. Y jeter les tomates et les laisser pendant quelques secondes.

Récupérer les tomates avec une écumoire et les plonger immédiatement dans l'eau froide, puis les égoutter.

Peler les tomates et les poser au fur et à mesure sur du papier absorbant.

Les transférer dans le sirop d'hibiscus, ajouter les graines de grenade et réserver au frais pour au moins 30 minutes.

CONSEIL MasterChef

ON PEUT AJOUTER DES FRUITS DE SAISON. EN ÉTÉ PAR EXEMPLE, DES CUBES DE PASTÈQUE, DES MORCEAUX DE MANGUE, DE KIWI...

4

LE MONTAGE DES VERRINES

10 MINUTES

Laver les brins de menthe, les sécher avec du papier absorbant et les effeuiller.

Démouler la gelée au lait d'amande à l'agar-agar sur une planche.

Couper la gelée en cubes de 2 cm de côté.

Repartir la gelée au lait d'amande dans six verrines.

Ajouter les micro-tomates, les graines de grenade et le sirop.

Décorer de menthe et servir, bien frais.

LES ATELIERS DE MasterChef

PUNCH RUBIS

HUILES PARFUMÉES

HUILE D'AGRUME

PRÉPARATION : 5 MIN
ATTENTE : 1 SEMAINE

1 orange bio

20 cl d'huile de pépin de raisin

Laver l'orange et prélever l'écorce avec un économe. Enlever la partie blanche (le ziste), mettre les rubans de zeste dans un bocal et verser l'huile. Fermer et laisser maturer au frais pendant 1 semaine pour que l'orange transmette ses arômes à l'huile.

HUILE D'AIL

PRÉPARATION : 2 MIN
CUISSON : 5 MIN

5 gousses d'ail

20 cl d'huile d'olive

Peler l'ail et l'émincer finement. Le mettre dans une poêle, ajouter l'huile d'olive et faire cuire à feu doux jusqu'à coloration. Retirer du feu et laisser refroidir. Verser l'ensemble dans un bocal, fermer et conserver au frais.

HUILE DE POIREAU

PRÉPARATION : 5 MIN
CUISSON : 10 MIN

1 poireau

30 g de gingembre

½ oignon

30 cl d'huile de pépin de raisin

Laver, éplucher et émincer l'oignon et le gingembre. Éplucher et émincer le poireau. Mettre les légumes dans une poêle, ajouter l'huile de pépin de raisin et faire cuire à feu doux jusqu'à coloration. Filtrer l'huile avec une passoire, la verser dans un bocal et la conserver au frais.

HUILE DE PIMENT VERT

PRÉPARATION : 2 MIN
CUISSON : 3 MIN

2 piments verts

20 cl d'huile d'olive

Laver le piment vert et l'émincer finement. Le mettre dans une poêle, verser l'huile d'olive et faire cuire à feu doux pendant 3 minutes. Retirer du feu et laisser refroidir. Verser ensuite l'ensemble dans un bocal, fermer et conserver au frais.

PANKO, KUZU, TOFU & CO / MINIGUIDE

AONORI

Mot japonais désignant un type d'algues vertes séchées. C'est un condiment traditionnel de la cuisine japonaise. L'*aonori* contient de la vitamine B12 et des acides aminés, des éléments nécessaires pour les végétariens. Elle est riche en calcium, en magnésium et en lithium.

CHIA (*Salva hispanica*)

Les graines, noires, riches en oméga 3 et en fibres, de cette plante originaire d'Amérique latine présentent la particularité de pouvoir se substituer à l'œuf. Il ne faut pas laver le chia, mais le mettre à tremper dans de l'eau (l'eau du tofu, par exemple) : il devient alors gluant, ce qui lui permet de lier les ingrédients (riz, tofu...) dans lesquels on l'ajoute, comme le ferait un œuf.

DAIKON

Nom japonais du radis blanc long. On le trouve chez le marchand de primeurs ou dans les épiceries asiatiques, et on l'utilise cuit et cru, émincé pour une salade, râpé pour une sauce... Il est riche en vitamine C, en fibres, en calcium... En médecine naturelle, on lui reconnaît des vertus anticancéreuses, un effet détox et la capacité de faire circuler l'énergie.

EDAMAME

Gousses recouvertes d'un léger duvet et qui renferment des fèves de soja immatures. Elles sont très riches en protéines et en fibres.

KABOCHA

Variété de courge d'origine japonaise, de plus en plus cultivée en France. La chair est ferme, et elle devient douce et moelleuse après cuisson. Le kabocha entre aussi bien dans la composition de soupes ou de plats de légumes que dans celle de gâteaux.

KOMBU

Délicieuse algue marine (une laminaire), qui est utilisée au Japon pour toutes sortes de préparations de base : *dashi,* soupe miso, mijotés, sauces, vinaigrettes... Le kombu contient de la glutamine et des acides aminés naturels, des protéines, des minéraux et des vitamines. Il est important pour les végétariens, car il les aide, notamment, à éviter les carences en vitamine B12.

KONJAC

Racine d'*Amorphophallus konjac,* une plante utilisée dans l'alimentation traditionnelle japonaise depuis plus de deux mille ans sous forme de produits transformés : pâte, vermicelles... Le konjac est plus en plus populaire pour les régimes diététiques en raison de ses indéniables vertus coupe-faim. En effet, il renferme une fibre « magique », le glucomannane, qui remplit l'estomac comme aucune autre fibre – sans apporter de calories –, et son gel visqueux est un véritable piège pour les graisses et les sucres. On parle de « nettoyage d'intestin », et il est d'ailleurs très efficace pour une détox.

KUZU

Plante originaire des montagnes d'Asie. De sa racine, on extrait une fécule qui s'utilise comme la Maïzena. Le kuzu réduit le risque de maladies cardio-vasculaires, prévient les désagréments liés à la ménopause et est utilisé en médecine traditionnelle chinoise dans le traitement du diabète.

MISO

Pâte fermentée, à base de fèves de soja, à haute teneur en protéines. On utilise le miso pour des soupes, des marinades, des sauces... C'est un condiment polyvalent ! Il existe plusieurs types de miso : le blanc, le rouge, le noir... Le miso rouge, par exemple, a longuement fermenté et est deux fois plus salé que le miso blanc.

PANKO

Chapelure japonaise, moins fine que la chapelure française. Pour préparer du *panko* maison, congeler ou faire sécher du pain de mie et le râper avec une râpe à gros trous (ou le mixer). On peut le conserver au congélateur.

PANKO, KUZU, TOFU & CO / MINIGUIDE

PROTÉINES DE SOJA

Les protéines de soja doivent être rincées et grillées, ou blanchies, pour éliminer l'odeur de soja. Ensuite, on peut les utiliser comme de la viande hachée dans de nombreuses recettes : sautés, ragoûts, lasagnes... En bouche, leur texture sera la même que celle de la viande.

SHIITAKE

Champignon originaire d'Asie, que l'on peut trouver frais ou séché, riche en protéines, en fibres et en minéraux. Les shiitake participent à la prévention des cancers par leur effet bénéfique sur les défenses immunitaires et font baisser le taux de cholestérol sanguin. Dans la cuisine des moines japonais comme dans les régimes macrobiotiques, on les utilise séchés (leur goût est plus intense) avec du bouillon de kombu. Pour faire des shiitake séchés (ou des girolles, des cèpes, des pieds-de-mouton...), les laisser entiers ou leur ôter le pied et les émincer, puis poser les uns à côté des autres sur un panier ou dans une passoire et les laisser sécher : 6 heures pour qu'ils soient mi-secs ; 3 jours pour qu'ils soient complètement secs. Ils se conservent très longtemps.

SHISO

Cette plante aromatique, qui appartient à la famille de la menthe, a une forte odeur caractéristique et un goût subtil. Le shiso est efficace pour stimuler la digestion et éliminer les toxines. Il existe deux espèces, le shiso rouge et le shiso vert.

TAHIN

Pâte constituée de graines de sésame broyées. Ces dernières renferment des antioxydants et constituent une excellente source de minéraux et d'oligoéléments (calcium, magnésium, fer, vitamines B1, B2, B6 et B3).

TOFU

Produit fabriqué à partir de lait de soja et d'un coagulant, comme du chlorure de magnésium (*nigari*, en japonais). Le tofu est une source importante de protéines, ce qui lui permet de remplacer la viande. Il existe plusieurs types de tofus (soyeux, ferme, frit, séché...), à choisir selon le plat que l'on veut faire. L'eau qui va suinter du tofu peut être utilisée pour une soupe, une sauce... Elle a le goût du tofu et renferme une partie de ses substances nutritives. Le tofu est riche en protéines et en vitamines B et E, bénéfiques pour la peau, les cheveux et les yeux. Il atténue les troubles de la ménopause.

TOPINAMBOUR

Ce légume « oublié » est revenu à la mode depuis quelques années, on le trouve donc facilement chez le marchand de primeurs désormais. On le cuisine mijoté, sauté, en purée... Il contient beaucoup de fibres, qui facilitent le transit intestinal. C'est une excellente source de fer et de vitamine B1, il prévient le diabète et protège des maladies cardio-vasculaires.

UME-SU ET VINAIGRE D'UMEBOSHI

Les *ume* sont des abricots du Japon (nommés « prunes »), de couleur orangée mais colorées en rouge par l'ajout de feuilles de shiso. Lorsqu'on les fait fermenter par ajout de sel (*umeboshi*), on obtient un vinaigre appelé *ume-su*. Ce dernier agit contre la fatigue, prévient les intoxications alimentaires et la grippe, abaisse la tension artérielle, diminue le risque de cancer de l'estomac et a des vertus antiseptiques. On l'utilise comme condiment dans les salades. On peut l'ajouter dans les plats mijotés, pour éliminer les odeurs de poisson par exemple.

TABLE DES MATIÈRES

Les recettes précédées d'un astérisque sont sans gluten.

Sommaire 2

ENTRÉES

SOUPE DÉTOX* 6
velouté de daikon aux shiitake

*** PROTÉINE ROLLS 10**
rouleaux de printemps, sauce *gado gado* et vinaigrette d'*ume*

sauce *gado gado* 12
vinaigrette d'*ume* 12

*** TOFU DUO 16**
canapés de tofu rouges et verts

*** SALADE ZEN 20**
kakis et konjac, crème de tofu et sésame

sauce-crème de tofu 24

*** NIDS DE POMME DE TERRE 26**
nids de pomme de terre frits, tartare et mayonnaise au tofu

mayonnaise au tofu 28

PLATS

*** MINESTRONE NIPPON 32**
pâtes de châtaigne et légumes-racines au miso

pâtes de châtaigne 34

*** BLINIS DE TOFU ET SALADE DE TOPINAMBOURS 38**
galettes de tofu aux olives vertes, salade de topinambours

pâte de tofu 40
salade de topinambours 41

*** SALADE DE SOBA 44**
nouilles de sarrasin et tofu croustillant

sauce multi-usage 46
tofu croustillant 47

*** NAGE DE KUZU 50**
bouillon de kuzu au tofu et aux edamame

boules de tofu 52

COCA COLORÉE 56
pizza à pâte fine estivale

pâte à coca 58
salsa verde 59

*** CROQUANT MARINÉ 62**
grillé de légumes-racines marinés, lentilles corail et quinoa

*** LASAGNES VEGGIE 68**
pommes de terre et courgettes à la sauce tomate et aux protéines de soja

sauce tomate 70

*** GRATIN DU JARDIN 74**
gratin de brocolis et kumquats à la crème de soja

ÉNERGIE CURRY 78
curry de protéines de soja, petit épeautre et blé

DON 84
bol de boulgour, légumes marinés et tempeh

VEGGIE-TEM 90
tempuras de tofu farci au citron et salade aux trois herbes

tempuras 93
salade d'herbes fines 94

TABLE DES MATIÈRES

*** PARMENTIER DE LA FORÊT 96**
purée de pommes de terre, cèpes et shiitake

purée de pommes de terre 99
duxelles 99

*** PAELLA PRINTANIÈRE 102**
pilaf de légumes primeurs

SPICEY-UDON 108
udon et légumes sautés au miso rouge

*** BOUILLONS VEGGIE 114**

bouillon de légumes 116
bouillon au kombu 117
bouillon aux shiitake 117-118
bouillon au kombu et aux shiitake 118

RICE-BURGER 120
buns de riz et teriyaki de tofu

sauce *teriyaki* 123
galettes de riz 122
galettes de tofu 123

CONCHIGLIONI VITALITÉ 126
pâtes farcies à la ratatouille verte et au pistou

pistou 128
ratatouille verte 128

PAVÉS D'ÉTÉ 130
tarte aux poivrons et salade verte

oignons confits 132

POWER CROQUETTES 136
croquettes de quinoa rouge, ceviche de chou-fleur

ceviche de chou-fleur 139
ketchup de poivrons 139

*** TEMAKI-SUSHIS 142**
rouleaux de sushis pour une fête

vinaigre à sushis 145

GNOCCHIS DE MA MÈRE 148
boulettes de potiron et crème de panais

pâte des gnocchis 150

crème de panais 151

*** BENTO VEGGIE 154**
bol de riz et légumes tapas

*** DENGAKU 160**
polenta et légumes grillés à la crème de noisettes au miso rouge

polenta 162
crème de noisettes au miso 163

*** PANCAKES À LA SOCCA 166**
pancakes de pois chiches et salsa d'avocats

salade rouge 168
salsa d'avocats 169

DORIA DU POTAGER 172
gratin de riz et d'orge aux légumes de printemps

gratin de riz 176

DESSERTS

*** PANNA COTTA AU BEURRE DE LA FORÊT 178**
crème d'avocat et de chocolat blanc

*** CAKE CONTRE-FATIGUE ET THÉ TONIQUE 182**
gâteau d'ananas et de polenta, thé de gingembre au kuzu

thé tonique 186

*** PUDDING DE KABOCHA 188**
flan de potiron et marrons caramélisés

caramel 190

*** GÂTEAU D'AUTOMNE 194**
gâteau de pois chiches aux poires, à la cannelle et au rhum

*** PUNCH RUBIS 200**
cubes de lait d'amande, sirop de grenade et d'hibiscus

gelée au lait d'amande 202
sirop de grenade et d'hibiscus 202

ANNEXES

Huile d'agrume 209

Huile d'ail 209

Huile de poireau 209

Huile de piment vert 209

Panko, Kuzu, Tofu & Co / Miniguide 210

Table des matières 212

Index des ingrédients 217

Bibliographie 223

Remerciements 223

INDEX DES RECETTES

Les recettes en **gras** sont sans gluten.

Bento veggie (bol de riz et légumes tapas) 154

Blinis de tofu et salade de topinambours (galettes de tofu aux olives vertes, salade de topinambours) 38

bouillon au kombu 117

bouillon au kombu et aux shiitake 118

bouillon aux shiitake 117-118

bouillon de légumes 116

Bouillons veggie 114

boules de tofu 52

Cake contre-fatigue et thé tonique (gâteau d'ananas et de polenta, thé de gingembre au kuzu) 182

caramel 190

ceviche de chou-fleur 139

Coca colorée (pizza à pâte fine estivale) 56

Conchiglioni vitalité (pâtes farcies à la ratatouille verte et au pistou) 126

crème de noisettes au miso 163

crème de panais 151

Croquant mariné (grillé de légumes-racines marinés, lentilles corail et quinoa) 62

Dengaku (polenta et légumes grillés à la crème de noisettes au miso rouge) 160

Don (bol de boulgour, légumes marinés et tempeh) 84

Doria du potager (gratin de riz et d'orge aux légumes de printemps) 172

duxelles 99

Énergie curry (curry de protéines de soja, petit épeautre et blé) 78

galettes de riz 122

galettes de tofu 123

Gâteau d'automne (gâteau de pois chiches aux poires, à la cannelle et au rhum) 194

gelée au lait d'amande 202

Gnocchis de ma mère (boulettes de potiron et crème de panais) 148

gratin de riz 176

Gratin du jardin (gratin de brocolis et kumquats à la crème de soja) 74

huile d'agrume 207

huile d'ail 207

huile de piment vert 207

huile de poireau 207

ketchup de poivrons 139

Lasagnes veggie (pommes de terre et courgettes à la sauce tomate et aux protéines de soja) 68

mayonnaise au tofu 28

Minestrone nippon (pâtes de châtaigne et légumes-racines au miso) 32

Nage de kuzu (bouillon de kuzu au tofu et aux edamame) 50

Nids de pomme de terre (nids de pomme de terre frits, tartare et mayonnaise au tofu) 26

oignons confits 132

Paella printanière (pilaf de légumes primeurs) 102

INDEX DES RECETTES

Pancakes à la socca (pancakes de pois chiches et salsa d'avocats) 166

Panna cotta au beurre de la forêt (crème d'avocat et de chocolat blanc) 178

Parmentier de la forêt (purée de pommes de terre, cèpes et shiitake) 96

pâte à coca 58

pâte des gnocchis 150

pâte de tofu 40

pâtes de châtaigne 34

Pavés d'été (tarte aux poivrons et salade verte) 130

pistou 128

polenta 162

Power croquettes (croquettes de quinoa rouge, ceviche de chou-fleur) 136

Protéine rolls (rouleaux de printemps, sauce *gado gado* et vinaigrette d'*ume*) 10

Pudding de kabocha (flan de potiron et marrons caramélisés) 188

Punch rubis (cubes de lait d'amande, sirop de grenade et d'hibiscus) 200

purée de pommes de terre 99

ratatouille verte 128

Rice-burger (buns de riz et teriyaki de tofu) 120

Salade de soba (nouilles de sarrasin et tofu croustillant) 44

salade de topinambours 41

salade d'herbes fines 94

salade rouge 168

Salade zen (kakis et konjac, crème de tofu et sésame) 20

salsa d'avocats 169

salsa verde 59

sauce-crème de tofu 24

sauce *gado gado* 12

sauce multi-usage 46

sauce *teriyaki* 123

sauce tomate 70

sirop de grenade et d'hibiscus 202

Soupe détox (velouté de daikon aux shiitake) 6

Spicey-udon (udon et légumes sautés au miso rouge) 108

Temaki-sushis (rouleaux de sushis pour une fête) 142

tempuras 93

thé tonique 186

tofu croustillant 47

Tofu duo (canapés de tofu rouges et verts) 16

Veggie-tem (tempuras de tofu farci au citron et salade aux trois herbes) 90

vinaigre à sushis 145

vinaigrette d'*ume* 12

INDEX DES INGRÉDIENTS

agar-agar

Punch rubis (cubes de lait d'amande, sirop de grenade et d'hibiscus) 200

ananas

Cake contre-fatigue et thé tonique (gâteau d'ananas et de polenta, thé de gingembre au kuzu) 182

aonori

Rice-burger (buns de riz et teriyaki de tofu) 120

Veggie-tem (tempuras de tofu farci au citron et salade aux trois herbes) 90

asperge

Doria du potager (gratin de riz et d'orge aux légumes de printemps) 172

Nage de kuzu (bouillon de kuzu au tofu et aux edamame) 50

aubergine

Conchiglioni vitalité (pâtes farcies à la ratatouille verte et au pistou) 126

Dengaku (polenta et légumes grillés à la creme de noisettes au miso rouge) 160

Don (bol de boulgour, légumes marinés et tempeh) 84

Spicey-udon (udon et légumes sautés au miso rouge) 108

avocat

Pancakes à la socca (pancakes de pois chiches et salsa d'avocats) 166

Panna cotta au beurre de la forêt (crème d'avocat et de chocolat blanc) 178

basilic

Conchiglioni vitalité (pâtes farcies à la ratatouille verte et au pistou) 126

blé complet

Énergie curry (curry de protéines de soja, petit épeautre et blé) 78

bouillon de légumes

Dengaku (polenta et légumes grillés à la crème de noisettes au miso rouge) 160

Doria du potager (gratin de riz et d'orge aux légumes de printemps) 172

Nage de kuzu (bouillon de kuzu au tofu et aux edamame) 50

Paella printanière (pilaf de légumes primeurs) 102

Soupe détox (velouté de daikon aux shiitake) 6

boulgour

Don (bol de boulgour, légumes marinés et tempeh) 84

brocoli

Gratin du jardin (gratin de brocolis et kumquats à la crème de soja) 74

cannelle

Gâteau d'automne (gâteau de pois chiches aux poires, à la cannelle et au rhum) 194

cardamome

Panna cotta au beurre de la forêt (crème d'avocat et de chocolat blanc) 178

carotte

Croquant mariné (grillé de légumes-racines marinés, lentilles corail et quinoa) 62

Don (bol de boulgour, légumes marinés et tempeh) 84

Doria du potager (gratin de riz et d'orge aux légumes de printemps) 172

Minestrone nippon (pâtes de châtaigne et légumes-racines au miso) 32

Paella printanière (pilaf de légumes primeurs) 102

cèpe

Parmentier de la forêt (purée de pommes de terre, cèpes et shiitake) 96

champignons de Paris

Nage de kuzu (bouillon de kuzu au tofu et aux edamame) 50

chia

Rice-burger (buns de riz et teriyaki de tofu) 120

chocolat blanc

Panna cotta au beurre de la forêt (crème d'avocat et de chocolat blanc) 178

chou de Bruxelles

Paella printanière (pilaf de légumes primeurs) 102

chou-fleur

Power croquettes (croquettes de quinoa rouge, ceviche de chou-fleur) 136

chou romanesco

Gnocchis de ma mère (boulettes de potiron et crème de panais 148

chou rouge

Pancakes à la socca (pancakes de pois chiches et salsa d'avocats) 166

conchiglioni

Conchiglioni vitalité (pâtes farcies à la ratatouille verte et au pistou) 126

courgette

Conchiglioni vitalité (pâtes farcies à la ratatouille verte et au pistou) 126

Dengaku (polenta et légumes grillés à la crème de noisettes au miso rouge) 160

Don (bol de boulgour, légumes marinés et tempeh) 84

Lasagnes veggie (pommes de terre et courgettes à la sauce tomate et aux protéines de soja) 68

Spicey-udon (udon et légumes sautés au miso rouge) 108

INDEX DES INGRÉDIENTS

crème d'amandes

Pancakes à la socca (pancakes de pois chiches et salsa d'avocats) 166

crème d'avoine

Panna cotta au beurre de la forêt (crème d'avocat et de chocolat blanc) 178

crème de soja

Gratin du jardin (gratin de brocolis et kumquats à la crème de soja) 74

curry

Énergie curry (curry de protéines de soja, petit épeautre et blé) 78

daikon

Soupe détox (velouté de daikon aux shiitake) 6

edamame

Don (bol de boulgour, légumes marinés et tempeh) 84

Nage de kuzu (bouillon de kuzu au tofu et aux edamame) 50

emmental

Gratin du jardin (gratin de brocolis et kumquats à la crème de soja) 74

farine de châtaigne

Minestrone nippon (pâtes de châtaigne et légumes-racines au miso) 32

farine d'épeautre

Coca colorée (pizza à pâte fine estivale) 56

farine de maïs

Cake contre-fatigue et thé tonique (gâteau d'ananas et de polenta, thé de gingembre au kuzu) 182

farine de pois chiche

Gâteau d'automne (gâteau de pois chiches aux poires, à la cannelle et au rhum) 194

Pancakes à la socca (pancakes de pois chiches et salsa d'avocats) 166

feuilles de riz

Protéine rolls (rouleaux de printemps, sauce gado gado et vinaigrette d'ume) 10

fève

Nids de pomme de terre (nids de pomme de terre frits, tartare et mayonnaise au tofu) 26

gingembre

Cake contre-fatigue et thé tonique (gâteau d'ananas et de polenta, thé de gingembre au kuzu) 182

gombo

Temaki-sushis (rouleaux de sushis pour une fête) 142

grenade

Punch rubis (cubes de lait d'amande, sirop de grenade et d'hibiscus) 200

haricot vert

Bento veggie (bol de riz et légumes tapas) 154

Doria du potager (gratin de riz et d'orge aux légumes de printemps) 172

hibiscus séchés

Punch rubis (cubes de lait d'amande, sirop de grenade et d'hibiscus) 200

huile d'agrume

Blinis de tofu et salade de topinambours (galettes de tofu aux olives vertes, salade de topinambours) 38

huile de piment vert

Coca colorée (pizza à pâte fine estivale) 56

huile de poireau

Spicey-udon (udon et légumes sautés au miso rouge) 108

kabocha

Gnocchis de ma mère (boulettes de potiron et crème de panais 148

Pudding de kabocha (flan de potiron et marrons caramélisés) 188

kaki

Salade zen (kakis et konjac, crème de tofu et sésame) 20

kombu

Bouillons veggie 114

Don (bol de boulgour, légumes marinés et tempeh) 84

Minestrone nippon (pâtes de châtaigne et légumes-racines au miso) 32

konjac (vermicelles)

Salade zen (kakis et konjac, crème de tofu et sésame) 20

kumquat

Blinis de tofu et salade de topinambours (galettes de tofu aux olives vertes, salade de topinambours) 38

Gratin du jardin (gratin de brocolis et kumquats à la crème de soja) 74

kuzu

Cake contre-fatigue et thé tonique (gâteau d'ananas et de polenta, thé de gingembre au kuzu) 182

Nage de kuzu (bouillon de kuzu au tofu et aux edamame) 50

lait d'amande

Gâteau d'automne (gâteau de pois chiches aux poires, à la cannelle et au rhum) 194

Punch rubis (cubes de lait d'amande, sirop de grenade et d'hibiscus) 200

lait d'avoine

Panna cotta au beurre de la forêt (crème d'avocat et de chocolat blanc) 178

INDEX DES INGRÉDIENTS

lait de soja

Cake contre-fatigue et thé tonique (gâteau d'ananas et de polenta, thé de gingembre au kuzu) 182

Doria du potager (gratin de riz et d'orge aux légumes de printemps) 172

Gnocchis de ma mère (boulettes de potiron et crème de panais 148

Pancakes à la socca (pancakes de pois chiches et salsa d'avocats) 166

Pudding de kabocha (flan de potiron et marrons caramélisés) 188

Soupe détox (velouté de daikon aux shiitake) 6

lentilles corail

Croquant mariné (grillé de légumes-racines marinés, lentilles corail et quinoa) 62

mâche

Pancakes à la socca (pancakes de pois chiches et salsa d'avocats) 166

mange-tout

Paella printanière (pilaf de légumes primeurs) 102

marron

Pudding de kabocha (flan de potiron et marrons caramélisés) 188

millet

Paella printanière (pilaf de légumes primeurs) 102

miso

Dengaku (polenta et légumes grillés à la crème de noisettes au miso rouge) 160

Énergie curry (curry de protéines de soja, petit épeautre et blé) 78

Minestrone nippon (pâtes de châtaigne et légumes-racines au miso) 32

Soupe détox (velouté de daikon aux shiitake) 6

Spicey-udon (udon et légumes sautés au miso rouge) 108

navet

Minestrone nippon (pâtes de châtaigne et légumes-racines au miso) 32

noix de cajou

Croquant mariné (grillé de légumes-racines marinés, lentilles corail et quinoa) 62

nori

Temaki-sushis (rouleaux de sushis pour une fête) 142

œuf

Cake contre-fatigue et thé tonique (gâteau d'ananas et de polenta, thé de gingembre au kuzu) 182

Gâteau d'automne (gâteau de pois chiches aux poires, à la cannelle et au rhum) 194

Gratin du jardin (gratin de brocolis et kumquats à la crème de soja) 74

Nage de kuzu (bouillon de kuzu au tofu et aux edamame) 60

Nids de pomme de terre (nids de pomme de terre frits, tartare et mayonnaise au tofu) 28

Pancakes à la socca (pancakes de pois chiches et salsa d'avocats) 166

Pavés d'été (tarte aux poivrons et salade verte) 130

Pudding de kabocha (flan de potiron et marrons caramélisés) 188

Veggie-tem (tempuras de tofu farci au citron et salade aux trois herbes) 90

INDEX DES INGRÉDIENTS

œuf de caille

Nids de pomme de terre (nids de pomme de terre frits, tartare et mayonnaise au tofu) 26

olive

Blinis de tofu et salade de topinambours (galettes de tofu aux olives vertes, salade de topinambours) 38

orge perlé

Doria du potager (gratin de riz et d'orge aux légumes de printemps) 172

panais

Croquant mariné (grillé de légumes-racines marinés, lentilles corail et quinoa) 62

Doria du potager (gratin de riz et d'orge aux légumes de printemps) 172

Gnocchis de ma mère (boulettes de potiron et crème de panais 148

panko

Doria du potager (gratin de riz et d'orge aux légumes de printemps) 172

Power croquettes (croquettes de quinoa rouge, ceviche de chou-fleur) 136

petit épeautre

Énergie curry (curry de protéines de soja, petit épeautre et blé) 78

petit pois

Doria du potager (gratin de riz et d'orge aux légumes de printemps) 172

poire

Gâteau d'automne (gâteau de pois chiches aux poires, à la cannelle et au rhum) 194

poivron

Conchiglioni vitalité (pâtes farcies à la ratatouille verte et au pistou) 126

Dengaku (polenta et légumes grillés à la crème de noisettes au miso rouge) 160

Don (bol de boulgour, légumes marinés et tempeh) 84

Pavés d'été (tarte aux poivrons et salade verte) 130

Spicey-udon (udon et légumes sautés au miso rouge) 108

polenta

Cake contre-fatigue et thé tonique (gâteau d'ananas et de polenta, thé de gingembre au kuzu) 182

Dengaku (polenta et légumes grillés à la crème de noisettes au miso rouge) 160

pomme de terre

Lasagnes veggie (pommes de terre et courgettes à la sauce tomate et aux protéines de soja) 68

Nids de pomme de terre (nids de pomme de terre frits, tartare et mayonnaise au tofu) 26

Parmentier de la forêt (purée de pommes de terre, cèpes et shiitake) 96

Power croquettes (croquettes de quinoa rouge, ceviche de chou-fleur) 136

protéines de soja

Énergie curry (curry de protéines de soja, petit épeautre et blé) 78

Lasagnes veggie (pommes de terre et courgettes à la sauce tomate et aux protéines de soja) 68

Protéine rolls (rouleaux de printemps, sauce gado gado et vinaigrette d'ume) 10

purée de noisettes

Dengaku (polenta et légumes grillés à la crème de noisettes au miso rouge) 160

INDEX DES INGRÉDIENTS

quinoa

Croquant mariné (grillé de légumes-racines marinés, lentilles corail et quinoa) 62

Power croquettes (croquettes de quinoa rouge, ceviche de chou-fleur) 136

racine de lotus

Minestrone nippon (pâtes de châtaigne et légumes-racines au miso) 32

radis rouge

Bento veggie (bol de riz et légumes tapas) 154

rhum

Gâteau d'automne (gâteau de pois chiches aux poires, à la cannelle et au rhum) 194

riz

Bento veggie (bol de riz et légumes tapas) 154

Doria du potager (gratin de riz et d'orge aux légumes de printemps) 172

Paella printanière (pilaf de légumes primeurs) 102

Rice-burger (buns de riz et teriyaki de tofu) 120

Temaki-sushis (rouleaux de sushis pour une fête) 142

roquette

Pavés d'été (tarte aux poivrons et salade verte) 130

sésame

Bento veggie (bol de riz et légumes tapas) 154

Salade de soba (nouilles de sarrasin et tofu croustillant) 44

shiitake

Bouillons veggie 114

Parmentier de la forêt (purée de pommes de terre, cèpes et shiitake) 96

Soupe détox (velouté de daikon aux shiitake) 6

Spicey-udon (udon et légumes sautés au miso rouge) 108

sirop de grenade

Punch rubis (cubes de lait d'amande, sirop de grenade et d'hibiscus) 200

soba

Salade de soba (nouilles de sarrasin et tofu croustillant) 44

tahin

Salade zen (kakis et konjac, crème de tofu et sésame) 20

tempeh

Don (bol de boulgour, légumes marinés et tempeh) 84

tofu ferme

Rice-burger (buns de riz et teriyaki de tofu) 120

Salade de soba (nouilles de sarrasin et tofu croustillant) 44

Tofu duo (canapés de tofu rouges et verts) 16

tofu soyeux

Blinis de tofu et salade de topinambours (galettes de tofu aux olives vertes, salade de topinambours) 38

Nage de kuzu (bouillon de kuzu au tofu et aux edamame) 50

Nids de pomme de terre (nids de pomme de terre frits, tartare et mayonnaise au tofu) 26

Salade zen (kakis et konjac, crème de tofu et sésame) 20

Veggie-tem (tempuras de tofu farci au citron et salade aux trois herbes) 90

tomate

Lasagnes veggie (pommes de terre et courgettes à la sauce tomate et aux protéines de soja) 68

tomate cerise

Pavés d'été (tarte aux poivrons et salade verte) 130

topinambour

Bento veggie (bol de riz et légumes tapas) 154

Blinis de tofu et salade de topinambours (galettes de tofu aux olives vertes, salade de topinambours) 38

Croquant mariné (grillé de légumes-racines marinés, lentilles corail et quinoa) 62

Minestrone nippon (pâtes de châtaigne et légumes-racines au miso) 32

udon

Spicey-udon (udon et légumes sautés au miso rouge) 108

umeboshi

Protéine rolls (rouleaux de printemps, sauce gado gado et vinaigrette d'ume) 10

umezu

Temaki-sushis (rouleaux de sushis pour une fête) 142

wakamé

Bento veggie (bol de riz et légumes tapas) 154

Salade de soba (nouilles de sarrasin et tofu croustillant) 44

REMERCIEMENTS

Sachiyo Harada remercie les fournisseurs suivants, qui ont contribué à la réalisation de cet ouvrage.

MAISON DE LA PORCELAINE

www.maisonporcelaine.com

21, rue de Paradis

75010 Paris

01 47 70 22 80

pour les assiettes pp. 67, 95, 113, 147, 171 et 193, les petites assiettes p. 83

C&P

www.mariechaumette.com

16, rue du Pont-Louis-Philippe

75004 Paris

01 42 74 22 34

pour les cuillères en bois pp. 61 et 147, les coupelles en bois pp. 55 et 165, la louche p. 107, la spatule p. 177, la plaque p. 55

ZWILLING STAUB FRANCE

www.staub.fr

Zwilling J.A. Henckels

Boutique Paris Madeleine

shop.paris@zwilling.com

12, boulevard de la Madeleine

75009 Paris

01 42 68 88 00

pour le poêlon p. 9, les cocottes pp. 37, 66, 70, 80, 83, 86, 119, 122, 139, 144, 150, 152, 156, 162, 175 et 191, la sauteuse p. 107, le gril carré p. 88, le plat à four p. 177

MIYABI (COUTEAUX JAPONAIS)

www.miyabi.eu

pour les couteaux

MORA

www.mora.fr

13, rue Montmartre

75001 Paris

01 45 08 19 24

pour les assiettes pp. 37 et 101, le récipient en verre p. 107, le bocal p. 125, le pot de sauce p. 153, l'assiette rectangulaire p. 165, les petites passoires p. 176

BORGO DELLE TOVAGLIE

www.borgodelletovaglie.com

4, rue du Grand-Prieuré

75011 Paris

09 82 33 64 81

pour les assiettes p. 83, les coupelles p. 61, la planche en bois pp. 61, 135 et 153, les bols pp. 73 et 89, les petites assiettes en bois p. 73, les petites tasse pp. 67 et 89, la planche en céramique p. 125

MAISON M

www.maisonmparis.com

25, rue de Bourgogne

75007 Paris

01 47 53 07 74

pour les bols p. 55, le bac à gratin p. 67

BIBLIOGRAPHIE

Véronique Liégeois, *100 aliments qui soignent,* First, 2010

Dr Denis Lamboley, *les Vertus des légumes, des fruits et des céréales,* Marabout, 2001

Sophie Lacoste, *Les aliments qui guérissent,* Leduc.S, 2006

Sophie Lacoste, Les plantes qui guérissent, Leduc.S, 2008

Eva Campo, *Nutrire il cervello,* Red Edizioni, 1993

UN GRAND MERCI…

- à Suyapa ! à Marion ! pour m'avoir donné la chance de réaliser mon rêve ! Je vous suis très reconnaissante pour votre aide.
- à Thomas ! Je découvre toujours de belles choses avec toi.
- à Ahne ! Je t'adore ! Je te remercie énormément pour ton aide et ta patience.
- à l'équipe d'Atelier Mai 98 : Nicolas, Jérémie, Eliot, Noémie, Océane, Alice, Hugues, je suis vraiment ravie d'avoir travaillé avec vous, c'était toujours un très agréable moment !
- à Chloé ! Merci pour toute votre aide et vos messages très chaleureux !
- à Guylaine ! Je vous remercie pour la jolie maquette et le graphisme.
- à Luc ! Je te remercie pour ton aide précieuse !
- à Schoko ! Ma muse, ma voyante, tes mots, tes conseils m'ont rendue très courageuse.
- à madame Asai ! à Yonghui ! pour m'avoir prêté les belles assiettes et pour votre aide.
- à Samyoung ! pour tes précieux conseils sur la réalisation et pour tes encouragements.
- à Laura, à Chiaki, à Eri, à Sakiko, à Ami, à Michiko, mes amies gourmandes, pour m'avoir donné beaucoup d'idées, de conseils et d'inspiration lorsque nous mangions ensemble.

Grâce à vous, j'ai réussi !

Sachiyo Harada

LES ATELIERS DE MasterChef

Direction : Jean-Louis Hocq

Direction éditoriale : Suyapa Hammje

Édition : Marion Guillemet-Bigeard

Rédaction : Chloé Chauveau

Création graphique, réalisation, couverture & intérieur : Guylaine Moi

Fabrication : Céline Premel-Cabic

Photogravure : Articrom

ISBN : 978-2-263-06948-2
code éditeur : S06948
dépôt légal: mai 2016
imprimé en France par Loire Offset Titoulet

Solar | un département **place des éditeurs**

place des éditeurs